Lieblings-
plätze

IN UND UM
HANNOVER

# Lieblingsplätze

# IN UND UM HANNOVER

GMEINER

WOLFRAM HÄNEL / ULRIKE GEROLD

Die Autoren und der Verlag haben alle Informationen geprüft. Gleichwohl wissen wir, dass sich Gegebenheiten im Verlauf der Zeit ändern, daher erfolgen alle Angaben ohne Gewähr. Sollten Sie Feedback haben, bitte schreiben Sie uns! Über Ihre Rückmeldung zum Buch freuen sich die Autoren und der Verlag: lieblingsplaetze@gmeiner-verlag.de

Sofern nicht im Folgenden gelistet, stammen alle Bilder von Wolfram Hänel: Achim Uhlenhut 38, 150; Wolfram Hänel/Achim Uhlenhut 172

QR-Code einscannen und kostenloses E-Book anfordern.

Besuchen Sie uns im Internet:
www.gmeiner-verlag.de

1., überarbeitete Neuausgabe 2022

Im Ehnried 5, 88605 Meßkirch
Telefon 07575/2095-0
info@gmeiner-verlag.de


Redaktion: Ricarda Dück
Herstellung: Julia Franze
Bildbearbeitung/Umschlaggestaltung: Susanne Lutz
unter Verwendung der Illustrationen von © EH Grafik – stock.adobe.com,
© VRD – stock.adobe.com, © nasik – stock.adobe.com,
© scusi – stock.adobe.com, © Katrin Lahmer, © Susanne Lutz
Kartendesign: © Maps4News.com/HERE
Druck: AZ Druck und Datentechnik GmbH, Kempten
Printed in Germany
ISBN 978-3-8392-0217-3

# HANNOVER

# Ümme Ecke

# HANNOVER

# LIEBENSWERTE PROVINZHAUPTSTADT MIT KLEINEN MACKEN

Hannover

Warnung! Dieses Buch beinhaltet nicht alle Sehenswürdigkeiten Hannovers, es listet auch nicht immer alle Fakten auf, die womöglich wissenswert wären. Aber dafür erzählt es ein paar Geschichten, die Sie so ganz sicher in keinem anderen Stadtführer finden. Und es hat uns als Text- und Bildautoren eine große Freude gemacht, diese Stadt mal aus unserer Sicht zu beleuchten. Wir leben nun seit – zusammengezählten – mehr als 100 Jahren in Hannover und sind immer noch gerne hier. Klingt unglaublich, ist aber wahr! Seien Sie also gespannt auf einen Blickwinkel, der vielleicht nicht immer »politically correct« ist, dafür aber ungeschminkt und authentisch.

»Das Beste an Hannover ist die Auffahrt zur Autobahn«, ist so ein Satz, der in schöner Regelmäßigkeit bemüht wird, wenn es darum geht, dem gängigen Vorurteil zu folgen, das – aus welchen Gründen auch immer – Hannover gerne an die letzte Stelle der deutschen Großstädte rückt. Mit anderen Worten: Hannovers Image ist nicht das beste, und keiner vermag so recht zu sagen, woran das wohl liegen könnte. Hannover gilt vielen als langweilig und spießig, und die Hannoveraner selbst als typisch norddeutsch-spröde und wenig weltoffen. Leider taugt auch das gerne mal nieselig-graue Wetter nicht unbedingt dazu, Hannover auf den ersten Blick ins Herz schließen zu wollen.

Klar, im Jahr 2000 hat hier die Expo stattgefunden, jeder weiß, dass die Hannover Messe die größte Industriemesse der Welt ist und dass in Hannover (angeblich) das sauberste Hochdeutsch gesprochen wird, jeder hat auch schon mal vom Massenmörder und Polizeispitzel Haarmann gehört, aber das war es dann meistens auch schon. Und Hannover selbst müht sich zwar nach Kräften, muss aber immer wieder erkennen, dass alles Streben nur wenig hilft, wenn dann kleine und größere Skandale der Image-Aufbesserung einen Strich durch die Rechnung machen: ein Exkanzler, der ausgerechnet Putin zum Freund hat, ein ehemaliger Bundespräsident, der Privates und Politisches nicht so ganz zu trennen vermochte, die *Hells Angels,* die womöglich nicht nur das Rotlichtviertel kontrollier(t)en, der Begründer eines unabhängigen Finanzberatungsunternehmens, das eine Vielzahl von Anlegern über den Tisch gezogen haben soll. Da reicht es dann auch nicht, dass Lena mal den *Eurovision Song Contest* gewonnen hat, die *Scorpions* mal Deutschlands Aushängeschild in Sachen Hardrock waren, *Hannover 96* 1954 Deutscher Fußballmeister war, der »Bulli« seit 1956 in Hannover gebaut wird oder eine Drogeriekette aus Hannover zu den Marktführern gehört. Ganz zu schweigen von Deutschlands Ex-Porno-Queen Teresa Orlowski, die allerdings zugegebenermaßen auch eher wenig »Einblicke« in typisch hannöversche Qualitäten gezeigt hat.

Tatsächlich aber hat Hannover viel mehr zu bieten als nur das weltgrößte Schützenfest (und die dazugehörige Lüttje Lage, die jedes Trinkerherz höher schlagen lässt), Hannover hat auch einen größeren Stadtwald vorzuweisen als New York und ist nicht ohne Grund zur grünsten Großstadt Deutschlands gewählt worden, mit einer exzellenten Luftqualität. Ein gewisser Karl Jatho hat auf einer sumpfigen Wiese noch vor den Brüdern Wright den ersten Motorflug der Welt hingelegt (nun gut, es waren nur knappe 18 Meter und gerade mal 75 Zentimeter über dem Boden), Hannover war die erste Stadt des Kontinents mit Gasbeleuchtung und Standort der ersten Tankstelle in Europa. Bei der *Grammophon* ist die erste Schallplatte in Serie gegangen, bei der *Hanomag* wurde mit dem *Kommissbrot* das erste Fließbandauto in Deutschland gebaut und bei *Telefunken* ist das PAL-Farbfernsehsystem erfunden worden, die Hirnforschung am INI (International Neuroscience Institute) rangiert ebenso wie der *Jazzclub* unter den Top Ten weltweit.

Die Liste hannoverscher Firmen mit Weltruf ist lang, der frühere Intendant des Staatsschauspiels Alexander May hat aus den Namen sogar mal einen Rap gestottert: »Cococontinental, Bbbahlsen, Ppppelikan …« Keinesfalls zu vergessen sind dabei auch noch Appel (Feinkost), Geha (Füller), Läufer (Radiergummis), Sprengel (Schokolade), Varta (Batterien) und schließlich VW-Nutzfahrzeuge. Im Übrigen hat ausgerechnet Karl Marx die Stadt gegenüber London gelobt, als er Hannovers Parks als »viel geschmackvoller angelegt«

bezeichnete, und das will ja wohl was heißen! Und Hannovers Dada-Künstler Kurt Schwitters hat sich zu dem Satz verstiegen: »Es ist wahr, dass Hannover stark zurückgeblieben ist, aber es hat alles wieder aufgeholt.«

Hannover gilt auch als die »Hauptstadt des Krautrocks« und hat immerhin eine eigene Tatort-Kommissarin, aus Hannovers Schauspielschule kommen so bekannte Namen wie Katja Riemann, Ulrike Folkerts, Matthias Brandt. An der Hochschule für Musik und Theater lehrt der weltbekannte Pianist Igor Levit. Auch mit großen Namen früherer Zeiten vermag Hannover durchaus zu punkten, mit den Schauspielern Grethe Weiser, Theo Lingen, Dieter Borsche, den Schriftstellern Karl Jakob Hirsch, Ernst Jünger, Karl Krolow, Hermann Löns, Hoffmann von Fallersleben, den Philosophen Hannah Arendt und Theodor Lessing, den Politikern Hindenburg, Noske, Schumacher, der Pilotin Elly Beinhorn, der Tänzerin Mary Wigman. Wilhelm Busch hat an der Polytechnischen Hochschule Maschinenbau studiert, nur wenige Kilometer südlich von Hannover, in Springe, hat Heinrich Göbel vielleicht sogar die Glühbirne erfunden, in der Werkstatt von Ernst Bandel in der Eisenstraße 1 ist das Hermanns-Denkmal gebaut worden (in Einzelteilen natürlich), im Café Kröpcke haben sich Erich Maria Remarque und Kurt Schwitters getroffen, im Weinhaus Wolf hat Gottfried Benn seine Gedichte geschrieben. Und John Kay, der spätere Sänger der amerikanischen Rockband *Steppenwolf*, war Schüler der hannoverschen Waldorf-Schule (damals hieß er allerdings noch Joachim Fritz Krauledat)!

Ärgerlich ist allerdings, dass die Gottfried Wilhelm Leibniz Universität dem Andenken des Universalgelehrten nicht universell nachkommt, sondern sich heute – nach einer kurzen Hochzeit mit dem Soziologen Oskar Negt, dem Germanisten Hans Mayer und dem Psychologen Peter Brückner – eher wieder zu einer technischen Universität zurückentwickelt. Aber vielleicht muss das auch so sein in einer Stadt, die mal der Königssitz eines Vereinten Königreiches von Hannover und England war – und das dann versemmelt hat, nur weil die Hannoveraner keine Frau als Thronfolgerin haben wollten.

Aber trotz alledem und von allen möglichen Macken mal ganz abgesehen: Irgendwie ist Hannover doch auch ganz schön cool! So ist es auch kein Wunder, dass Hannover unter den zehn entspanntesten Städten weltweit aufgeführt wird. Und jeder, der sich auf Hannover mal etwas länger einlässt, wird das nur bestätigen können. Genauso wie die Tatsache, dass die Hannoveraner eigentlich auch ganz nett sind – und es stimmt nicht wirklich, wenn böse Zungen behaupten, dass man sich samstags nur mal eine halbe Stunde in die Markthalle stellen muss, um alle Einwohner gesehen zu haben.

Allerdings eröffnet dieses »Jeder-kennt-hier-jeden« auch ungeahnte Möglichkeiten, wie die Chance, Deutschlands bis vor kurzem dienstältesten Oberbürgermeister (Herbert Schmalstieg, von 1972 bis 2006) persönlich am Mittellandkanal vorbeiradeln zu sehen oder Deutschlands einziges lebendes Steifftier, den »Totalkünstler« Timm Ulrichs, zu treffen. Apropos Kunst, Kurt Schwitters hat es auf den Punkt gebracht: »Hundekrankheiten bekommt der Hannoveraner nie! Das ergibt keinen Sinn, aber es erzeugt Weltgefühl. In Hannover sind weite Gedankensprünge erlaubt, dichterische Leistung und gefährliche Geistesblitze liegen eng beisammen.« Oder so ähnlich jedenfalls. In diesem Sinn wünschen wir Ihnen viel Spaß in und mit unserer Stadt, in der der (Leibniz-)Keks nur echt ist, wenn er genau 52 Zähne hat.

**Hannover in Kürze**

Bevölkerung: rund 543.000 Einwohner (Stand: März 2021)
Status: Landeshauptstadt von Niedersachsen
Lage: am südlichen Rand der norddeutschen Tiefebene zwischen Lüneburger Heide und Harz, gerade mal 55 Meter über dem Meeresspiegel
Ausdehnung: etwa 205 Quadratkilometer

1

Ernst-August-Denkmal
**Hauptbahnhof**
Ernst-August-Platz 1
30159 Hannover

# TREFFPUNKT »UNTERM SCHWANZ«

## Hauptbahnhof

Viele Bahnhofsgebäude sind in den letzten Jahren stilvoll restauriert worden und prägen jetzt als lebendige Kulisse das Stadtbild – Hannovers Hauptbahnhof gehört ohne Frage zu diesen Schmuckstücken, die Verbindung von historischer Fassade und modernem Innenleben ist gelungen.

Auch sonst kann der Bahnhof mit beeindruckenden Fakten aufwarten: Zwischen 1876 und 1879 als »Durchgangsbahnhof« angelegt, gehört er heute mit 640 Zügen täglich zu den Bahnhöfen der Kategorie 1. Der Durchgangsbahnhof war allerdings auch lange Zeit ein städtebauliches Problem, da die Bahnlinie die Stadt in zwei Hälften teilte, die repräsentative Innenstadt auf der einen Seite, auf der anderen die wie »abgehängt« wirkende Oststadt, die als einzige Attraktion das Gefängnis aufweisen konnte. Das hat sich nun schon lange geändert. Das Gefängnis ist verlegt und die Oststadt und List bevorzugte Wohngegenden alternativ-bürgerlicher Hannoveraner.

Dennoch hat sich der Bahnhof so etwas wie einen typischen Charme bewahren können, das beginnt schon mit dem Reiterstandbild vor dem Haupteingang. Das Ernst-August-Denkmal zu Ehren des Kurfürsten und Königs wird von den Hannoveranern gern als Treffpunkt genutzt, die Verabredung heißt dann: »Wir treffen uns unterm Schwanz.« Und die Inschrift auf dem Granitsockel gilt als Beispiel für den »hannoverschen Genitiv«: Dem Landesvater sein treues Volk. Wem sein treues Volk? Dem Landesvater seins. Wobei natürlich der Bildhauer in Wirklichkeit nur den Punkt hinter dem Landesvater vergessen hat.

Übrigens: Von seiner Aufstellung 1861 an überstand das Denkmal Bahnhofsneubau und zwei Weltkriege, auch einen kurzfristigen Umzug zum Leineschloss, als die U-Bahn gebaut wurde. Dann aber stand eine Generalsanierung an, dafür wurde der 140 Kilogramm schwere Kopf der Figur abgetrennt – Ernst August wurde geköpft. Nach der Rückkehr aus dem Ausbesserungswerk erhielt der König seinen Kopf zurück. Ein ähnliches »Versehen« wie bei der Inschrift ist auch bei der Namensgebung der Fußgängerunterführung passiert, die seit 1986 vom Kröpcke unter dem Bahnhof hindurch zum Raschplatz führt: die »Passerelle« – nur dass Passerelle eigentlich mit »kleiner Überweg« zu übersetzen wäre. Eben diese Passerelle war lange Zeit eine der umstrittensten Errungenschaften der Landeshauptstadt, eng, dunkel und mit tief hängender Betondecke, eine No-go-Area vor allem nachts. Inzwischen ist alles fein umgebaut und restauriert, die Läden sind vermietet, das Leben ist eingezogen und konsequenterweise heißt die Unterführung nun auch Niki-de-Saint-Phalle-Promenade – zu Ehren der französischen Künstlerin und hannoverschen Ehrenbürgerin. So kommt auch die von Stefan Schwerdtfeger und Diether Heisig geschaffene Skulptur von »Nessie«, die nicht aus dem Loch Ness, sondern hier mitten in Hannover aus dem Asphalt auftaucht, wieder gut zur Geltung.

Erst hinter dem Bahnhof wird wieder deutlich, was passiert, wenn eine an sich liebenswerte Provinzgroßstadt mit Macht versucht, durch Hochhäuser aufzufallen – vor allem die Betonbausünde des Bredero Hochhauses aus den 1970er-Jahren ist auch durch aufwendige Renovierung nicht ungeschehen zu machen.

Dagegen ist die Tatsache, dass dem Bahnhof zwei Gleise fehlen, ein durchaus sympathisches Kuriosum – als 1879 ein neues, großartiges Empfangsgebäude im Neo-Renaissance-Stil gebaut wurde, erhielten auch fünf der sieben Durchgangsgleise neue Überdachungen aus Stahl, zwei Gleise – nämlich 5 und 6 – verliefen dazwischen ohne Bahnsteig und ohne Überdachung. Die breite Lücke sollte einem besseren Abzug des Lokomotivendampfes zwischen den Hallendächern dienen. Der Wiederaufbau nach dem Krieg hielt sich dann an die alte Anlage, mit vier zusätzlichen Gleisen – nur die Gleise 5 und 6 entfielen!

Erlauben Sie sich doch mal den kleinen Scherz und fragen Sie einen Passanten oder Bahnbeamten, wie man zu den Gleisen 5 und 6 gelangt.

Nessie taucht auf in der **Einkaufspassage unterm Hauptbahnhof**

2

**Platz Kröpcke**
Georgstraße
30159 Hannover
www.visit-hannover.com

**Restaurant Mövenpick Hannover Kröpcke**
Georgstraße 35
30159 Hannover
0511 32628445
www.moevenpick-restaurants.com/hannover-kroepcke

# VOM CAFÉ ZUM PLATZ

## Kreuzung Kröpcke

Mit dem Kröpcke ist es so eine Sache für sich – tatsächlich war der Platz einmal der Mittelpunkt der Stadt und das gleichnamige Café in den 1920er-Jahren weit über Deutschland hinaus bekannt als Treffpunkt von Literaten und Künstlern, zu den »Stammgästen« gehörten Kurt Schwitters, Erich Maria Remarque und Theodor Lessing.

Ursprünglich hieß das Café *Robby* nach seinem damaligen Besitzer Georg Robby, der – fasziniert von den Eisenkonstruktionen der Pariser Weltausstellung 1889 – ein Gebäude errichten ließ, das tatsächlich weltstädtisches Flair vermittelte.

Wie so vieles wurden Café und Platz im Krieg zerstört, 1948 wurde ein neues Café Kröpcke gebaut, für den U-Bahn-Bau wieder abgerissen und schließlich 1975 das Areal neu gestaltet, der kleine Park – mit Musikpavillon! – zwischen Kröpcke und Opernhaus musste dem Expo-Café weichen, das Kröpcke selbst wurde durch einen Tonnendachbau ersetzt, ein gewaltiger Büro- und Kaufhausklotz aus Beton dominierte den Platz über der größten U-Bahn-Station der Stadt. Mittlerweile hat man versucht, den umstrittenen Klotz durch Umbau wieder in ein attraktives Einkaufszentrum zu verwandeln.

Eine ähnliche Geschichte von städtebaulicher Zerstörung erzählt die Kröpcke-Uhr. Die reich verzierte Uhr von 1885 mit der Reklamesäule als Sockel passte nach Meinung der damaligen Stadtväter nicht mehr in die hannoversche Wiederaufbau-Zeit, wurde 1954 abgebrochen und als Altmetall entsorgt. An ihre Stelle kam eine schlichte Normaluhr mit drei Zifferblättern. Erst 1977 wurde eine Replik der Originaluhr aufgestellt, die nun immerhin auch wieder als beliebter Treffpunkt fungiert. In das Pflaster zu ihren Füßen ist eine Karte eingelassen, welche die Entfernungen von Hannover zu anderen Weltstädten zeigt – nach Montevideo sind es 11.700 Kilometer.

Wer heute bei Kaffee und Kuchen im *Mövenpick* sitzt, wird vielleicht ein bisschen wehmütig eingedenk der alten Zeiten mit den »Stammgästen« von früher.

8

**Jack the Ripper's**
Georgstraße 26
30159 Hannover
0511 1695395
www.jacktherippers.de

# IN DER UNTERWELT DER INNENSTADT

## Kneipe *Jack the Ripper's*

Gerade um den Kröpcke herum war Hannover nach den Bombennächten nahezu vollständig zerstört, und die typischen Bauten aus den 1950er- und 1960er-Jahren lassen kaum vermuten, dass sich darunter ja immer noch die Keller der früheren Innenstadthäuser befinden.

Ein solches Kreuzgewölbe aus dem Jahr 1880 bildet das Ambiente für die nach dem Vorbild einer typischen Londoner Kellerbar gestaltete Kneipe *Jack the Ripper's,* eine schmale Stiege führt von der Fußgängerzone steil nach unten, Tresen, Tische und Stühle aus dunklem Holz und mit schwarzem Leder ausgepolsterte Nischen vermitteln echtes, altenglisches Pub-Flair. Ein Wandgemälde zeigt eine düstere Londoner Gasse, in welcher der Serienmörder gerade sein Messer zückt – wahrscheinlich hätte sich auch Hannovers Massenmörder Haarmann hier unten wohlgefühlt. Aber keine Panik, die daumendicken Würstchen zum *mash,* zum englischen Kartoffelbrei, importiert der Wirt direkt aus dem britischen Königreich! Natürlich wird auch der Klassiker *Fish and Chips* serviert, Kabeljaufilet im Bierteigmantel mit (selbstgeschnitzten) Pommes und original giftgrünen Erbsen, oder dampfender *Shepherd's Pie* und andere typische Gerichte aus der englischen Küche. Dazu gibt es Bier aus 14 glänzenden Messing-Zapfsäulen, und wer weder *Newcastle Ale* noch das unvermeidliche *Guinness* mag, ist mit echtem *Strongbow-Cider* gut bedient.

Zweisprachigkeit ist zumindest beim Personal selbstverständlich, und spätestens, wenn auf der Großbildleinwand die Spiele der *Premier League* zu sehen sind, wird bei der lautstarken Unterstützung der Gäste deutlich, welche Nationalität hier den Ton angibt. Leichter Grusel kommt nur beim Gang auf die Toilette auf, da wird es dann doch sehr »untergrundmäßig«. Ach ja, und die »dicke Luft« in der Raucherlounge hätte sicher Opiumraucher Sherlock Holmes erfreut …

Probieren Sie doch mal bei einer Whiskeynacht im *Jack the Ripper's* alle 32 Sorten – schwierig wird dann nur der Aufstieg in die Welt nach oben.

4

**Oper Hannover**
Opernplatz 1
30159 Hannover
0511 99991111
www.staatstheater-
hannover.de/oper

## FRÜHER FLANIERTEN HIER DIE OFFIZIERE

### Opernhaus und Opernplatz

Mitten in der Stadt auf einem ehemaligen Windmühlenberg eröffnete man 1852 nach den Plänen des Hofbaumeisters Laves einen prächtigen Bau aus Sandstein im spätklassizistischen Stil: das königliche Hoftheater beziehungsweise das Opernhaus. Heute ist von einem Berg allerdings nun gar nichts mehr zu erkennen, noch nicht mal die klitzekleinste Erhebung.

Als besondere Attraktion galt damals der vom »königlichen Hof- und Cabinettsmaler« Ramberg entworfene Bühnenvorhang, der Apoll auf seinem Wagen zeigte. Bei einem Luftangriff verbrannte 1943 nicht nur der Vorhang, sondern auch das Opernhaus wurde bis auf die Grundmauern zerstört. Hier waren sich die Bürger Hannovers schnell einig, schon 1950 wurde die Oper im historischen Stil wiederaufgebaut und als erstes Theater Westdeutschlands mit Richard Strauss' *Der Rosenkavalier* wiedereröffnet. Auf dem Vorbau befinden sich steinerne und daher stumme Abbilder von Dichtern und Komponisten, im Inneren geht es seitdem schon mal hoch her, wenn sich Beifalls- und Buhrufe bei modernen Inszenierungen alter Stoffe mischen.

In den 1960er-Jahren wurde auch der ehemals parkähnliche Opernplatz »zeitgemäß« umgestaltet – da ohnehin niemand mehr mit der Kutsche in die Oper fuhr. Anstelle der breiten, von Blumenbeeten gesäumten Auffahrten entstand ein gepflasterter Platz, der auch für Kundgebungen genutzt wird – nicht gern gesehen sind die Skater, aber so ein Platz mitten in der Stadt, noch dazu mit Sprungmöglichkeit (Freitreppe), ist doch manchmal zu verlockend.

1994 wurde an der Stirnseite der verbliebenen Grünanlage nach teilweise kontroversen Diskussionen das Mahnmal für die jüdischen Opfer des Nationalsozialismus eingeweiht. Das aus privaten Spenden errichtete Mahnmal erinnert an mehr als 6.800 Jüdinnen und Juden in Hannover, die von hier ihren Weg in die KZs antreten mussten.

Früher war die Georgstraße mit der Oper die Flaniermeile der Offiziere und ihrer Gattinnen, heute spazieren alle auf dem »Schorsenbummel« (»Schorse« ist hannöversch für Georg).

# 5

**Künstlerhaus und Literaturhaus Hannover**
Sophienstraße 2
30159 Hannover
0511 168 4 57 96
Vorverkauf: 0511 16841222
www.literaturhaus-hannover.de

**Timm Ulrichs**
***Kopf-Stein-Pflaster***
Schiffgraben 6
30159 Hannover

## WO DER KRONLEUCHTER WACKELT

### Künstlerhaus Hannover

1856 weihte König Georg V. das von dem hannoverschen Architekten Haase entworfene *Museum für Kunst und Wissenschaft* ein, in den darauffolgenden 150 Jahren erlebte und überlebte das inzwischen »Künstlerhaus« genannte Gebäude in der Sophienstraße nicht nur die Zerstörungen der Kriegszeit, sondern auch zahlreiche An- und Umbauten. Mit den letzten Arbeiten im Jahr 2001 wurde die ursprüngliche Konzeption weitgehend rekonstruiert, gleichzeitig schuf man die Voraussetzungen für einen modernen Kulturort: Film, Literatur und Bildende Kunst sind hinter der repräsentativen, beidseitig von Löwen flankierten Freitreppe mit entsprechenden Institutionen vertreten.

Im eigenen Saal zeigt das *Kommunale Kino*, kurz Koki, vor allem Originalfilme, klassische Filmkunstwerke sowie engagierte und unabhängige Filme, der Friedrich-Bödecker-Kreis organisiert von hier aus Schullesungen in ganz Niedersachsen, das Literaturhaus ist ein Ort zum Kennenlernen zeitgenössischer Literatur.

2006 wurde über der Sophienstraße der überdimensionale Empire-Kronleuchter des Künstlers Stephan Huber installiert, der frei schwingend jeweils zehn Minuten vor einer Veranstaltung Portal und Straße erhellt.

Besondere Beachtung verdient der Kunstverein mit seinen Ausstellungsräumen im oberen Stockwerk, er zählt zu den ältesten und renommiertesten Kunstvereinen Deutschlands. Eine besondere Verbindung besteht dabei zu Hannovers »Totalkünstler« Timm Ulrichs, der sich hier schon in den 1970er-Jahren als »erstes lebendes Kunstwerk« selbst ausstellte – er drehte endlose Runden in einem übergroßen Hamsterrad. 2010 zeigten der Kunstverein und das Sprengel Museum eine große Retrospektive – die Ehrung kam spät, aber immerhin, und vergessen ist damit wohl auch die Aussage Ulrichs, dass es sein größter Fehler gewesen sei, niemals »aus diesem Kaff Hannover« weggegangen zu sein.

Vor der Sparkassenakademie am Schiffgraben kann man gleich noch mal Timm Ulrichs »erleben«, sein vielfach in Beton gegossener Kopf bildet das *Kopf-Stein-Pflaster*.

6

**Georgsplatz**
30159 Hannover

# DAS »WUNDER VON HANNOVER«

## Georgsplatz

Der Georgsplatz ist im Laufe der Zeit ein bisschen ins Hintertreffen geraten – und war doch in den 1950er- und 1960er-Jahren der Inbegriff des »Wunders von Hannover«. Nach den Bombenangriffen im Zweiten Weltkrieg waren 85 Prozent der Innenstadt zerstört, sechs Millionen Kubikmeter Schutt säumten die kaum noch als solche zu erkennenden Straßen. Dann entstand die Idee, eine »moderne« Stadt auf der alten zu erschaffen, die sich nicht an den engen Straßen der Vorkriegszeit orientiert, sondern ein großzügiges Verkehrsnetz mit den Drehscheiben Steintor und Aegidientorplatz verwirklicht.

Vom »Aegi« zum Kröpcke führte immer schon die Georgstraße mit dem klassizistischen Opernhaus, Mitte der 1950er-Jahre wurde die Straße als breiter Boulevard neu angelegt, auch der Georgsplatz von 1787 ganz im Stil der Zeit mit Brunnen, Bänken und Blumenbeeten umgestaltet. Bald entwickelte sich der Georgsplatz zum beliebten Kaffeepausen-Treffpunkt der Angestellten aus den umliegenden modernen Bank- und Versicherungsgebäuden, dann allerdings – in den 1960er-Jahren – gab es kurzzeitig ein ernst zu nehmendes Problem: Die »Gammler« entdeckten den Platz für sich und machten durch demonstratives »Herumlungern« deutlich, dass sie von bürgerlichen Wertvorstellungen wie Fleiß, Karriere und Ordnungsliebe nicht viel hielten. Die Stadt setzte mehrmals Wasserwagen des Fuhramtes ein, um die Bänke und Steinborde »mit einem intensiv wirkenden und stark riechenden Desinfektionsmittel« einzusprühen. Doch kaum waren die Bänke getrocknet, kehrten auch die »Gammler« zurück! »Georgie« (sprich: »Dschordschie«) hieß der Platz damals im Jargon der (Hippie-)Bewegung. Heute ist der Platz zum Treffpunkt der Motorradfahrer geworden, lauter als die Gammler sind zumindest die Harley-Davidson-Motoren allemal. Freitags also ist Bikertreff, an den anderen Tagen aber kann man hier am Rande der Einkaufscity ein paar ruhige Minuten genießen.

Seit 2005 ist die Ruhepause sogar beleuchtet, dank der abends bunt illuminierten Bänke des Künstlers Francesco Mariotti.

7

**Gartenfriedhof**
Arnswaldtstraße 19
30159 Hannover
www.visit-hannover.com

# Wo Werthers Lotte begraben liegt

## Gartenfriedhof

Der Gartenfriedhof an der Marienstraße ist einer der Orte, die nur wenig beachtet werden – völlig zu Unrecht, weist er doch nicht nur eine Reihe prominenter Gräber auf, sondern auch gleich zwei echte Kuriositäten! 1741 vor dem Aegidientor angelegt, 1864 mangels ausreichendem Platz für neue Grabstellen bereits wieder geschlossen, lädt der Kirchhof mitten in der Innenstadt zum Verweilen ein.

Als Goethe mit *Die Leiden des jungen Werther* den ersten literarischen Bestseller landete, hatte er für die Figur der Lotte, die Werther in den Selbstmord trieb, ein Vorbild: eine gewisse Charlotte Buff, welche die Liebe des noch jungen Dichters nicht erwiderte, stattdessen einen knochentrockenen Amtmann heiratete und mit diesem als Charlotte Kestner nach Hannover zog, zwölf Kinder bekam und 1828 auf dem Gartenkirchhof beerdigt wurde.

Nicht weit von Lottes Grab findet sich auch die Grabstelle von Caroline Herschel (1750–1848), eine der ersten Frauen in der Wissenschaft. Sie entdeckte neue Kometen und vermaß den Himmel. Zur Attraktion aber wurde das »Geöffnete Grab«, die Erbbegräbnisstätte der Henriette von Rühlig, die früh an Schwindsucht gestorben hier unbehelligt ruhen sollte: »Dieses auf ewig gekaufte Begräbnis darf niemals geöffnet werden«, verfügte der trauernde Gatte auf einer entsprechenden Inschrift. Leider hatte niemand mit einer Birke gerechnet, die eben diese Grabstätte mit ihren Wurzeln sprengte und als heute stattlicher Baum dem Grab seinen Spitznamen gab.

Übertroffen wird dieses Kuriosum nur noch vom »Menschenfressergrab«, unweit des Portals der Gartenkirche. Das Grabmal des Hofzimmermeisters Lutz trägt als Inschrift seinen vollen Namen: Heinrich Andreas Jacob Lutz. Leider hatte sich der Bildhauer mit dem Platz für die Buchstaben vertan und trennte den Vornamen Andreas kurzerhand, sodass jetzt zu lesen ist: Heinrich Andre »as« Jacob Lutz.

Setzen Sie sich ruhig an einem Sommertag mal für eine halbe Stunde mit Goethes *Werther* auf die Bank neben das Grab von Charlotte Kestner.

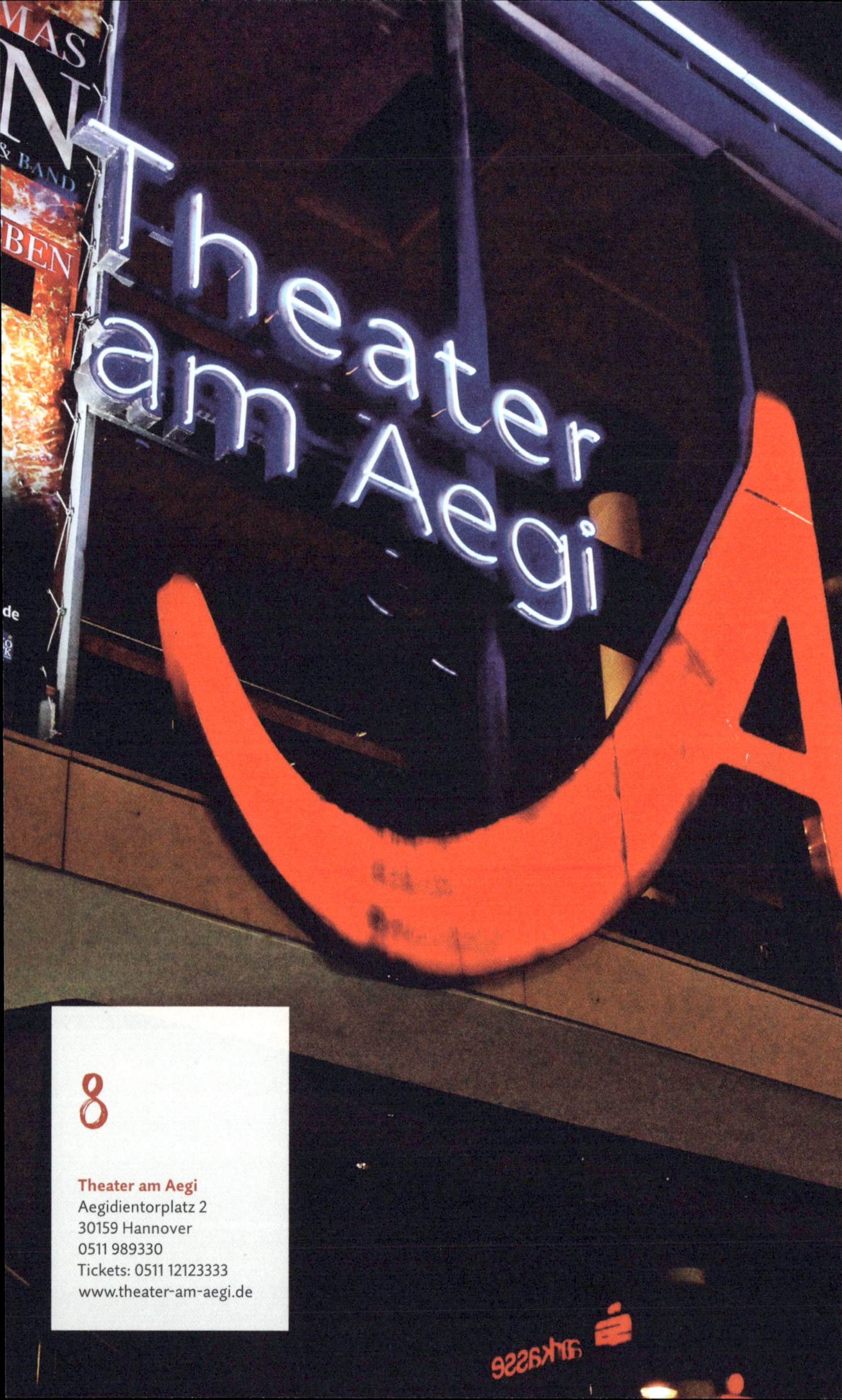


8

**Theater am Aegi**
Aegidientorplatz 2
30159 Hannover
0511 989330
Tickets: 0511 12123333
www.theater-am-aegi.de

## STARS ERST AUF ZELLULOID, DANN LIVE

### Theater am Aegi

Das Theater am Aegi ist Hannovers Gastspielhaus. Der Bau aus den 1950er-Jahren wirkt heute fast verloren neben der großkotzigen Architektur der benachbarten Landesbank, aber vielleicht verleiht gerade dieser Gegensatz dem Theater eine Art von leicht verblichenem Charme.

1953 wurde das Haus im Auftrag der Ufa als Erstaufführungskino mit Theaterbühne für Varieté und Kabarett erbaut. Die gewaltigen Kinomaschinen waren derartig massiv und riesig, dass sie schon im Rohbau eingesetzt werden mussten, das Theater also quasi um sie herum gebaut wurde. 1964 übernahm die Stadt Hannover das Gebäude, im Dezember desselben Jahres brannte es nahezu vollständig aus, nur der durch den eisernen Vorhang geschützte Bühnenraum blieb intakt. Von 1965 bis 1967 wurde das Haus erneuert, aus dieser Zeit stammt auch die Holzverkleidung des Zuschauerraumes – stilsichere Handwerkskunst einer Tischlerei aus dem Landkreis Hildesheim, die bis heute Kreuzfahrtschiffe ausstattet. 1984 fungierte das Theater während des Umbaus der Oper als Ausweichspielstätte der Staatsoper, bis 1987 war es Spielort der in Hannover ansässigen Niedersächsischen Landesbühne. 1994 wurde das Haus noch einmal umgestaltet, danach privatisiert und als reiner Gastspielbetrieb geführt. Trotz der Modernisierung herrscht immer noch ein bisschen 1960er-Jahre-Flair, nur die Raucher-Loge im Zuschauerraum gibt es nicht mehr. Knapp 1.200 Sitzplätze hat das Haus und die Bühne misst nach wie vor gewaltige 17 Meter Breite und ist damit die breiteste Portalbühne Deutschlands.

Der Spielplan ist heute eine bunte Mischung aus Theater, Comedy und Konzerten. Die alten Kinomaschinen warten sicher verschlossen immer noch auf den Tag, an dem sie wieder zum Leben erweckt werden, auch wenn es vielleicht nur in einem Kinomuseum ist. Allerdings würde der Abtransport ihre vollständige Zerlegung erfordern – oder den Abriss des »Aegis«.

Hier ist für jeden etwas dabei, von der Stripshow der *California Dream Boys* bis zur Operette. Kult sind die Auftritte der Irish-Folkband *The Dubliners,* die seit über 30 Jahren kommen.

9

**Restaurant**
***Ständige Vertretung***
Friedrichswall 10
30159 Hannover
0511 2138690
www.staev-hannover.de

# Ulbricht und Honecker lassen grüssen

## Restaurant *Ständige Vertretung*

Die *Ständige Vertretung* in Ostberlin war vor dem Fall der Mauer die Botschaft Westdeutschlands in der von der Bundesregierung nicht als Ausland anerkannten DDR. Nach dem Fall der Mauer und dem Wechsel der Bundesregierung von Bonn nach Berlin eröffnete 1997 mit der *Ständigen Vertretung* (StäV) eine Erlebnisgastronomie, die vor allem den aus dem Rheinland umgezogenen Politikern »in der Fremde« etwas rheinische Kneipenkultur bieten sollte. Aus dieser Idee wurde schnell ein bekanntes Szenelokal, das schließlich auch Ableger in anderen Städten eröffnete.

In Hannover findet sich die Kombination aus kölscher Kneipe und dicht an dicht gehängten kulturhistorischen Fotos aus der Zeit der Bonner Republik am Aegi und bietet neben typisch rheinländischen Gerichten auch das »Deutsche Kanzlerfilet Schröder Art«, Currywurst und Pommes mit aufgesteckter Deutschlandfahne: Der Rheinländer weiß, wie er sich auch im norddeutschen Ausland Freunde macht! Die StäV ist längst auch zum beliebten Treffpunkt der Besucher des benachbarten Theaters am Aegi geworden – und vermag tatsächlich eine Atmosphäre der Gastlichkeit zu vermitteln, die in krassem Gegensatz zu dem raumgreifenden Stahl- und Glasungetüm der NORD/LB steht, an dessen Stirnseite sich das Lokal mit dem von Kübelpflanzen gesäumten Außenbereich befindet. 2002 wurde der Bankpalast errichtet, die gläserne und wie nachträglich angeklebte Kanzel auf dem oberen Stockwerk überbietet an Höhe sogar noch das in Sichtweite gelegene Neue Rathaus. Sie dient wohl auch mit dazu, der Stadtverwaltung täglich aufs Neue vor Augen zu führen, wer hier eigentlich die Macht hat. Eine städteplanerische Zumutung ist das Ganze allemal! Aber nach dem dritten oder vierten Kölsch an den langen Holztischen in der StäV hat man zum Glück vergessen, dass es da draußen alles andere als gefällig oder ganz und gar gemütlich zugeht.

Solange kein Bierdeckel auf dem Kölschglas liegt, wird nachgeschenkt. Wer also nach dem vierten Kölsch genug hat, sollte das mit dem Deckel nicht vergessen.

10

**Neues Rathaus**
Trammplatz 2
30159 Hannover
0511 16845333
www.hannover.de

# »Alles bar bezahlt, Majestät!«

## Neues Rathaus

Schon längst ist das Neue Rathaus nicht mehr neu, aber da Hannover eben auch noch ein Altes Rathaus vorzuweisen hat, macht der Name durchaus Sinn. Der wilhelminische Prunkbau steht auf 6.026 Buchenpfählen, die fest im Schlick der Leinemasch verankert sind. Erbaut von 1901 bis 1913 nach den Plänen von Hermann Eggert konnte Stadtdirektor Heinrich Tramm bei der Einweihung dem eigens angereisten Kaiser stolz vermelden: »10 Millionen Mark, Majestät. Und alles bar bezahlt!« Besucher halten das Neue Rathaus aufgrund seiner repräsentativen Erscheinung häufig auch für das Schloss von Hannover.

In der Eingangshalle finden sich vier Modelle, die eindrucksvoll die Geschichte der Stadt zeigen, von den Anfängen im Mittelalter, über die Vorkriegszeit und die Trümmerlandschaft nach dem Zweiten Weltkrieg – mit dem auch stark beschädigten Rathaus – bis heute. Auch einen Blick wert ist der nach dem Schweizer Maler Ferdinand Hodler benannte Saal mit dem Monumentalgemälde *Einmütigkeit*, das den Bürgerschwur von 1533 zeigt, dem Sieg der Reformation in Hannover.

Und die abenteuerliche Fahrt mit dem Aufzug, der innen im Bogen an der Kuppel entlangfährt, hinauf auf den Turm, belohnt den unerschrockenen Besucher mit einem Blick über ganz Hannover, der allerdings auch die Bausünden deutlich zeigt. Nur nach Süden hin ist fast alles so schön, wie es sein sollte: Maschpark und Maschsee liegen einem zu Füßen, und am Horizont erhebt sich die verschwommene Silhouette des Deisters.

Tatsächlich wird Hannover von diesem Rathaus aus regiert. Im Sitzungssaal gibt es eine Empore, von der aus Hannovers Bürger die Ratsversammlungen »live« miterleben dürfen – Zwischenrufe und Störungen anderer Art allerdings werden nicht geduldet, da steht Schwitters mit seiner Forderung dann doch alleine: »Das Rathaus gehört den Hannoveranern und das ist ja wohl eine berechtigte Forderung.«

Die Fahrt mit Europas einzigem Schrägaufzug auf den Rathausturm ist ein unvergessliches Erlebnis – hinzu kommt dann noch die Aussicht.

**Stadtmodell in der Halle des Neuen Rathauses**
Die 1945 nahezu vollständig zerstörte Innenstadt als bedrückende Mahnung. Aus der Trümmerwüste wuchs eine neue Stadt.

# 11

**Maschpark**
Culemannstraße 10
30169 Hannover
www.visit-hannover.com

**Loretta's Biergarten**
Culemannstraße 14
30169 Hannover
0511 5905780
www.lorettas-hannover.de

## GARTENKUNST IM SUMPFLAND

Maschpark

Als der Magistrat der Stadt 1895 einen Teil des Überschwemmungsgebietes von Leine und Ihme zur Bebauung für das Neue Rathaus freigab, sollte gleichzeitig auch ein repräsentatives Parkgelände geschaffen werden. Der Stadtgarteninspektor Julius Trip galt als einer der führenden Gartenkünstler seiner Zeit – und erhielt folgerichtig den Auftrag, eine »gärtnerische Einrahmung mit freier Aussicht in die flache Masch« (in der heute der Maschsee liegt) zu schaffen. Als zentralen Bestandteil dieses ersten kommunalen Parks in Hannover schuf Trip einen Teich mit Seerosenbucht, Tuffstein-Felsenhalbinsel und breiter Freitreppe zum (geplanten) Rathaus hinauf. Diesen Maschteich bettete er in einen offenen Landschaftspark – wie in einem botanischen Garten sollten hier zu fast jeder Jahreszeit verschiedenste Pflanzen blühen – und ließ neben Magnolien und Tulpenbäumen imposante Roteichen, Platanen und Silberahorn pflanzen. Noch vor der Einweihung des Rathauses 1913 war der Park fertiggestellt – und hat seine ursprüngliche Form bis heute nicht verändert.

In den 1970er-Jahren wussten vor allem die »Haschbrüder« das friedliche Idyll zwischen Rathaus, Museum August Kestner, Landes- und Sprengel Museum zu schätzen, erst später wurden sie von den Modellbootbauern abgelöst, die so ziemlich alles auf dem Teich kreuzen ließen, was schwimmt. 1985 wurde der Maschpark zum »Park der Partnerstädte« Hannovers erklärt, seitdem tragen die Wege die Namen von Blantyre, Bristol, Hiroshima, Leipzig, Perpignan, Poznań und Rouen.

Zum Expojahr 2000 räumte man im Neuen Rathaus ein paar Büros, jetzt kann man im Gartensaal bei einem Cappuccino sitzend die Enten und Schwäne auf dem Maschteich beobachten. Besonders schön ist der Maschpark auch im Winter, wenn sich das Rathaus mit den erleuchteten Fenstern als Kulisse für die Schlittschuhläufer hinter dem Teich erhebt.

Auf der westlichen Seite wartet das Biergarten-Restaurant *Loretta's* auf Besucher, nur wenige Schritte weiter steht man schon am Nordufer des Maschsees.

12

**Niedersächsisches Landesmuseum**
Willy-Brandt-Allee 5
30169 Hannover
0511 9807686
www.landesmuseum-hannover.de

# WILLKOMMEN BEIM ROTEN FRANZ

## Niedersächsisches Landesmuseum

1902 wurde am Rand des späteren Maschparks ein repräsentatives Museumsgebäude im Stil der Neorenaissance errichtet – das »Provinzial-Museum«, seit 1950 Niedersächsisches Landesmuseum Hannover. Ein Relieffries mit der Inschrift »Hauptmomente in der Entwicklung der Menschheit« verwies als zeitgemäße Werbung auf die Inhalte der Sammlungen: Kunst, Naturkunde, Archäologie und Völkerkunde. Bis vor Kurzem noch stand das Museum ungerechtfertigterweise im Schatten der anderen Museen und galt vorrangig als Tagesausflugsziel für Schulklassen. Der echte Hannoveraner kann so auch noch Jahrzehnte nach dem Klassenausflug mühelos die drei großen Attraktionen aufsagen: erstens die Moorleiche, zweitens der Dinosaurier, drittens der Zitteraal.

Erst im Zuge der Expo 2000 wurde das Haus von Grund auf saniert und modernisiert. Heute beeindruckt die Sammlung der Landesgalerie mit Kunst vom Mittelalter bis zum frühen 20. Jahrhundert: mit Rembrandt, Rubens, Dürer, auch Liebermann, Corinth, Slevogt sowie Werken der Künstlerkolonie Worpswede und dem *Tageszeitenzyklus* von Caspar David Friedrich, der einzigen vollständig erhaltenen Serie des Malers und Zeichners der deutschen Frühromantik.

Die archäologische Sammlung ist eine der bedeutendsten ihrer Art in Europa. 500.000 Jahre Menschheitsgeschichte von den frühen Jäger- und Sammlerkulturen bis ins städtische Leben – darunter auch der Mann von Neu Versen, bekannt als »Roter Franz« oder eben als »die Moorleiche«. Die völkerkundliche Abteilung umfasst Kunst- und Alltagsgegenstände aus allen Teilen der Welt, das Münzkabinett zeigt Münzen, Medaillen und Orden, viele davon aus dem ursprünglichen Besitz des Königshauses Hannover. Und in der Naturkundeabteilung schließlich gibt es ein Vivarium mit mehr als 2.000 einheimischen und exotischen Fischen, Amphibien und Reptilien.

Ob quicklebendige Leguane oder das Skelett eines Plateosaurus – die *NaturWelten* im Landesmuseum sind ebenso faszinierend wie die *MenschenWelten* und *KunstWelten*.

18

Skulptur *Stahl 5 81* von Erich Hauser (1979) am **Sprengel Museum**
Kurt-Schwitters-Platz
30169 Hannover
0511 16843875
www.sprengel-museum.de

# EIN HAUS FÜR DIE MODERNE KUNST

## Sprengel Museum

Angefangen hat alles damit, dass der Schokoladenfabrikant Bernhard Sprengel 1969 seine Sammlung moderner Kunst der Stadt Hannover vermachte – und gleichzeitig auch noch einen beträchtlichen Betrag zum Bau eines Museums stiftete. 1979 wurde das Museum am Nordufer des Maschsees eröffnet und vereint neben der Sammlung Sprengel Werke des 20. und 21. Jahrhunderts aus dem Besitz des Landes Niedersachsen und der Stadt Hannover. Das Museum gilt heute als eines der bedeutendsten Zentren moderner Kunst in Europa, neben der großen Kurt-Schwitters-Sammlung, dem *Kabinett der Abstrakten* von El Lissitzky und den Lichtinstallationen von James Turrell trägt zu diesem Ruf auch die Schenkung Niki de Saint Phalle bei, die seit ihren *Nanas* am Flohmarkt ja ohnehin mehr oder weniger als Hannoveranerin gilt.

Von außen wirkt der Bau mit den glatten Betonwänden eher unnahbar, innen prägen schmale, hohe Gänge den ersten Eindruck – aber dadurch gelingt es, den Blick ausschließlich auf das Wesentliche zu lenken: die Kunst! Dabei macht die Bildung von Werkgruppen den besonderen Charakter der Sammlung aus. Irritierend und gleichzeitig faszinierend ist auch immer wieder der »Merzbau« des hannoverschen Dada-Künstlers Kurt Schwitters. Die begehbare Installation ist der originale Nachbau des Raumes, den Schwitters 1923 vermutlich in seinem Atelier in Hannover zu errichten begann – und der bis in die benachbarten Räume der Wohnung und schließlich über das gesamte Stockwerk »hinauswucherte«. Das Original wurde samt Schwitters' Haus 1943 bei einem Luftangriff zerstört (er selbst befand sich bereits im Exil in England) – und heute ist nur noch die Rekonstruktion im Sprengel Museum zu besichtigen. Bis vor einigen Jahren musste man dazu in bereitgestellte Filzpantoffeln schlüpfen, jetzt gibt es eine neue Fußbodenfarbe, die auch Straßenschuhe erlaubt – schade eigentlich!

Mit der fast schwarzen Fassade des neuen Traktes gibt es auch gleich einen neuen Namen – »Brikett am See« sagen die Hannoveraner jetzt.

Der lebensechte *Maurer* von Duane Hanson sorgt immer noch für Irritation, wenn jemand zum ersten Mal das Haus betritt und sich auf einer Baustelle wähnt.

## 14

Hannovers Meerjungfrau
auf dem Karpfen am
**Maschsee Nordufer**
Arthur-Menge-Ufer
30169 Hannover
www.visit-hannover.com

# FLACHER TEICH MIT LINIENVERKEHR

## Maschsee

Der Maschsee ist Hannovers innerstädtisches Ausflugsziel Nummer eins und vermittelt ein bisschen Waterkant-Feeling in der an Wasserflächen eher armen Landeshauptstadt. 1934, am »Großkampftag der Arbeitsschlacht«, begannen die Bauarbeiten. Ohne jegliche Hilfe von Maschinen wurden zahlreiche Arbeitslose propagandistisch wirksam bis 1936 unter dem Nazi-Regime mit der Anlage des Sees beschäftigt. Der Maschsee erstreckt sich über fast zweieinhalb Kilometer von der Innenstadt bis zum Strandbad am südlichen Ende. Im Sommer kann man Tret-, Ruder- oder Segelboot fahren, im Winter auf der zugefrorenen Fläche Schlittschuh laufen.

Hannovers Wasserfläche muss man sich erwandern oder erlaufen! Die Umrundung ist 6,5 Kilometer lang, dauert – je nach Fitness-Faktor – ein bis zwei Stunden und bietet zu jeder Jahreszeit nicht nur für Frischluftfanatiker eine willkommene Abwechslung.

An die eher unrühmliche Vergangenheit des Sees erinnert die 18 Meter hohe Säule mit der vergoldeten Figur eines Fackelträgers als Symbol der olympischen Idee (1937 von Hermann Scheuernstuhl geschaffen). Das Hakenkreuz, das die Säule bei ihrem Bau zierte, wurde glücklicherweise entfernt, dafür gibt es eine neue Erklärungstafel über die Kunst aus der Nazi-Zeit.

Entlang dem Rudolf-von-Bennigsen-Ufer verläuft ein baumbestandener Fuß- und Radweg, rechts ist immer der See, links folgen nacheinander das *Sprengel Museum* mit der sechs Meter hohen knallroten Stahlplastik von Alexander Calder, dem Hellebardier, das Funkhaus des NDR mit dem Großen Sendesaal, das wegen seiner architektonischen Form im Volksmund auch gerne »Bassgeige« genannt wird, wenig später die Bismarckschule mit eigenem Planetarium in der weithin sichtbaren Kuppel, gleich daneben die Tellkampfschule und die Freie Waldorfschule. Dann folgt der Engesohder Friedhof, rechts am Seeufer ist die Löwenbastion mit den Bronzelöwen von Arno Breker und dem *Menschenpaar* von Georg Kolbe. Eine weitere Bronzefigur steht am Beginn des Strandbades – *Der Schwimmer* von Erich Haberland.

Der »Strand« zieht sich über die gesamte Südseite, es gibt einen Biergarten, ein Sternerestaurant und einen noblen Fitnessclub. Vom Pumpenhaus an der südwestlichen Ecke wird der See bei Bedarf mit frischem Wasser aus dem Grundwasser der Ricklinger Masch versorgt.

An der westlichen Seite des Maschsees stellt der Schnelle Graben eine Verbindung von der Leine zur Ihme her – und ist Hannovers älteste Baumaßnahme zur Hochwasserabwehr, 1449 erstmals erwähnt. 300 Jahre später sollte ein Wehr verhindern, dass bei Leinehochwasser die Innenstadt »absoff«, und noch mal 200 Jahre später kam man auf die Idee, die drei Meter Gefälle zwischen den beiden Flüssen zur Energiegewinnung zu nutzen. Das Wasserkraftwerk wurde 1920 gebaut und ist bis heute in Betrieb.

Fernab von jedem Straßenverkehr führt dann die »Seufzerallee« zurück zum Nordufer – Liebespaare jeden Alters wissen die romantische Stimmung des Uferweges zu schätzen. Am Ufer finden sich auch die Bootshäuser der Ruderclubs, zur linken Seite hin sind das Stadionbad und das auf dem Trümmerschutt des Zweiten Weltkrieges errichtete Fußballstadion. Das hieß zuerst Niedersachsen-Stadion und wurde dann – dank der unseligen Sitte, Sponsoren im Namen zu ehren – zur AWD-Arena und inzwischen zur HDI-Arena. Mal sehen, was noch so kommt.

Alljährlich im Sommer findet übrigens das Maschsee-Fest statt, dann ist für 19 Tage rund um den See kein Durchkommen mehr zwischen Getränke- und Essbuden und den Bühnen der Bands. Und jedes Jahr zu Sylvester gibt es noch das »Abfischen« des Sees, wenn die von Eiswaffeln und Pommes fett gefütterten Karpfen aus dem Wasser geholt und fangfrisch verkauft werden.

Begeben Sie sich doch mal auf eine »Kreuzfahrt« über den See mit den Fahrgastschiffen der hannoverschen Verkehrsbetriebe – es kostet nur wenig mehr als eine Straßenbahnfahrkarte.

Strandbad im *Aspria Sport- und Spa-Club* am
**Maschsee Südufer**
Rudolf-von-Bennigsen-Ufer
30519 Hannover

15

**Aegidienkirche**
Ecke Breite Straße/
Osterstraße
30159 Hannover
Auskunft durch Stadt-
superintendentur:
0511 30186610
www.marktkirche-
hannover.de

# Ein Glockenspiel zum Gedächtnis

## Aegidienkirche

Die Aegidienkirche ist eine der ältesten sakralen Bauten Hannovers. Im 10. Jahrhundert stand an dieser Stelle eine kleine Kapelle, daraus wurde im Laufe der Zeit dann eine romanische Basilika und schließlich eine gotische Kirche. Bis 1943 zählte sie zu den schönsten Gotteshäusern Hannovers, dann zerstörte der schwerste Bombenangriff auf Hannover auch dieses Gebäude. Turm und Haupthaus brannten vollständig aus. Nur die Außenmauern blieben stehen.

Die Ruine wurde nicht wieder aufgebaut, heute ist sie Mahnmal und Gedenkstätte für die Opfer der Kriege und der Gewalt, darauf weist eine große Platte mit der schlichten Aufschrift »Unseren Toten« hin. Im Chor steht ein großes metallenes Kreuz, rußgeschwärzte Steine und leere Fensterhöhlen erinnern an die Bombennacht. Vor der Zerstörung hatte die Aegidienkirche ein aus vier Glocken bestehendes Geläut, das allseits bekannt und beliebt war. Seit 1958 befindet sich im Turm eine leichte Stahlkonstruktion mit 25 Bronzeglocken, und es erklingt nun wieder viermal täglich ein Glockenspiel: um 9.05 Uhr, 12.05 Uhr, 15.05 Uhr und 18.05 Uhr, jeden Monat drei Lieder. Im Dezember ertönt zum Beispiel der Choral *Tochter Zion*, im August kann man *Wohlauf in Gottes schöne Welt* hören und im September *Der Mond ist aufgegangen*.

Eine weitere Besonderheit ist die Friedensglocke im Durchgang, ein Geschenk der Partnerstadt Hiroshima. Ihr Zwilling hängt in Hiroshima. Hier wie dort werden die Glocken zeitgleich jeweils am 6. August zum Gedenken an den ersten Atombombenabwurf angeschlagen. Zur Gedenkstunde versammeln sich Gläubige aller Konfessionen.

Bis 2015 befand sich in den Fensterbögen der Aegidienkirche die Installation *Einleuchtungen* der hannoverschen Künstlerin Inge-Rose Lippok. Absichtlich waren die Fenster nicht verschlossen, die Farben schienen in den Höhlen zu schweben.

Wer sich zehn Minuten Zeit nimmt, um die Stimmung auf sich wirken zu lassen, wird alles oberflächliche Getöse der Großstadt danach umso kritischer sehen.

16

**Markthalle Hannover**
Karmarschstraße 49
30159 Hannover
0511 341410
www.markthalle-in-hannover.de

# DER BAUCH VON HANNOVER

## Markthalle

Die Markthalle an der Karmarschstraße ist tatsächlich so etwas wie der »Bauch von Hannover«, beliebter Treffpunkt, Klatschbörse, Kaffeebar und Schnellimbiss nicht nur für die Schreibtischtäter aus den nahe gelegenen Ministerien und dem Landtag. Spötter behaupten sogar, man müsste sich mittags nur eine halbe Stunde in die Markthalle stellen, um alle »wichtigen« Hannoveraner gesehen zu haben, noch bösere Zungen reden davon, dass die Markthalle der einzige Ort in Hannover ist, um einen Sachbearbeiter der Stadtverwaltung, nun ja, bei der Arbeit antreffen zu können.

Angefangen hat übrigens alles damit, dass gegen Ende des 19. Jahrhunderts die Verkaufsstände rund um die Marktkirche überhand nahmen und der Rat der Stadt schließlich den Bau einer Halle beschloss – ganz nach dem Vorbild der Maschinenhalle auf der Pariser Weltausstellung, als imposante Konstruktion aus Eisenfachwerk. 1892 wurde die Markthalle eröffnet, 243 Stände hatten hier Platz, allein 170 davon waren Schlachter. Im Zweiten Weltkrieg brannte das Gebäude vollständig aus – 1955 wurde auf den alten Kellerräumen ein neuer Bau errichtet, schmucklos, sachlich und hannöversch-trist, als hätte Essen so gar nichts mit Spaß und guter Laune zu tun. »Klar, zweckmäßig und hell« lautete damals – nach zwölf Jahren Provisorium im Zelt – die Werbung für die neue Halle. Aber es kommt eben immer darauf an, was man daraus macht! Und zum Glück ist die Markthalle meist so gut besucht, dass sie allem architektonischen Elend zum Trotz lebendig und bunt wirkt.

Im Kellergeschoss existiert eine unterirdische Welt aus Lager- und Personalräumen sowie Leitungs- und Rohrnetzen, die den Gästen oben einen angenehmen Aufenthalt ermöglicht. Bis auf 18 Meter Tiefe führen die Katakomben in den Untergrund, die Wandfliesen in den Gängen stehen heute unter Denkmalschutz.

Vor dem Eingang wird man begrüßt von »Oma Duhnsen«. Hannovers bekannteste Marktfrau hat hier über 50 Jahre Fleisch- und Wurstwaren verkauft.

17

**Marktkirche St. Georgii et Jacobi**
Hanns-Lilje-Platz 2
30159 Hannover
0511 364370
www.marktkirche-hannover.de

**Altes Rathaus**
Karmarschstraße 42
30159 Hannover
0511 3008040
www.altes-rathaus-hannover.de

# WENN DER TURMWÄCHTER ALARM BLIES …

## Marktkirche und Altes Rathaus

Die Marktkirche ist Hannovers Wahrzeichen und die größte Kirche der Stadt, wenn auch der Turm mit 97 Metern deutlich niedriger ist, als er ursprünglich werden sollte. Aber den Bürgern von Hannover ging schlicht und einfach das Geld aus, sie waren »müd und im Sechel krank geworden«, wie die Chronik berichtet. Also setzten sie kurzerhand eine Art vergrößertes Modell als halbwegs würdigen Abschluss auf den erst zur Hälfte fertiggestellten Turm und erklärten die Marktkirche 1366 als vollendet. Die Kirche gilt als südlichstes Beispiel norddeutscher Backsteingotik, eindrucksvoll ist die Klarheit der dreischiffigen Halle, die Wände sind unverputzt, kostbarster Schatz im fast schmucklosen Gotteshaus ist ein spätgotischer Schnitzaltar. Beim Wiederaufbau nach der Zerstörung im Zweiten Weltkrieg erhielt die Marktkirche eine prächtige bronzene Portaltür, die in Bilderbogenmanier die Kriegsgeschichte abbildet.

520 Jahre lang taten auf dem Turm die Turmwächter ihren Dienst – wenn irgendwo Flammen hochschlugen, bliesen sie Alarm und läuteten die Feuerglocke. Der letzte Turmwächter, Papa Schwarz, wurde 1907 verabschiedet.

Auf der gegenüberliegenden Seite des Markplatzes steht – ebenfalls in rotem Backstein – das Alte Rathaus, das erst so heißt, seitdem es das Neue gibt. Fast das gesamte 15. Jahrhundert hindurch bauten die Hannoveraner an den Giebeln, Ziegelmustern und Tonfriesen, beliebtes Fotomotiv ist heute der Fratzenkopf mit der herausgestreckten Zunge an der Gerichtslaube. Hier wurde früher im Freien Recht gesprochen – und wenn das Urteil ungünstig ausfiel, kam man gleich an Ort und Stelle an den Pranger. Ein anderes Motiv ist das »Luderziehen« über dem früheren Haupteingang: eine Art Fingerhakeln auf hannöversch, bei der die Streithähne auch noch ihre blanken Hintern zeigten – vielleicht als Mahnung, besser nicht zu ehrgeizig zu sein!

Nach wie vor befindet sich das Standesamt im Alten Rathaus. Im Kellergewölbe sowie im entkernten und stilvoll renovierten Mittelbau sind Restaurants.

18

**Hannovers Altstadt**
Rund um Knochenhauerstraße und Schuhstraße
30159 Hannover
www.visit-hannover.com

# DER SCHEIN TRÜGT

## Altstadt

In dem kleinen Viertel zwischen Marktkirche und Leine zeigt sich Hannover – allen Kriegszerstörungen zum Trotz – von seiner mittelalterlichen Seite, hohe Bürgerhäuser säumen die engen Fußgängergassen, am Holzmarktbrunnen protzt das Leibnizhaus mit einem dreigeschossigen Erker und reicher Bildhauerkunst. Doch der Schein trügt! Nach dem Krieg ragten tatsächlich von der ehemaligen Fachwerkpracht nur noch wenige verstreut stehende Häuser aus der Trümmerwüste – aber dann hatten Hannovers Stadtplaner eine wirklich gute Idee: Sie trugen die noch vorhandenen Häuser und Fassaden zu einem eindrucksvollen Viertel zusammen. Und das Leibnizhaus ist sogar ein vollständiger Neubau, 1981 bis 1983 als Begegnungsstätte für Wissenschaft und Forschung errichtet, wird es von der Universität Hannovers verwaltet und als Gästehaus genutzt. Die Fassade ist die originalgetreue Abbildung des 1943 zerstörten Wohn- und Sterbehauses des Universalgelehrten Leibniz in der Schmiedestraße – übrigens auch das Geburtshaus des Schauspielers und Theaterdichters August Wilhelm Iffland (1759–1814).

Läden, Restaurants und Kneipen sorgen heute für eine lebendige Altstadt-Atmosphäre, besonders schön ist es hier im Winter, wenn um die Marktkirche herum der Weihnachtsmarkt seine Buden aufgebaut hat, am Holzmarktbrunnen gibt es dann sogar einen kleinen Wald mit echtem Tannendickicht und weichem Holzspäneboden, der den Besucher weihnachtlich verzaubert. Gegenüber den Fachwerkhäusern an der Burgstraße ragt das Historische Museum auf, ein Bau von Dieter Oesterlen, der in den 1960er-Jahren zweifellos für hochmoderne Architektur stand, dennoch ein bisschen erdrückend wirkt. Aber die Sammlung zu Hannovers Stadtgeschichte ist den Besuch wert und führt nahtlos zurück in Zeiten, in denen die Fachwerkhäuser eben noch wirklich »echt« waren.

Wenn man einen Kneipenbummel machen möchte, ist die Altstadt das richtige Quartier. Man muss noch nicht mal viel laufen, so nah beieinander liegen die Lokale.

19

**Ballhof**
Ballhofplatz 5
30159 Hannover
0511 999900
www.staatstheater-hannover.de

# Ein Haus, um Federball zu spielen

Ballhof

Mitten in der Altstadt, zwischen Knochenhauer- und Burgstraße, öffnet sich unerwartet ein kleiner Platz, der wie eine friedliche Oase im Trubel der Kaufhaus-City wirkt. Gegenüber einer Reihe schön restaurierter Fachwerkbauten mit Cafés und Restaurants steht der historische Ballhof, 1649 bis 1664 im Auftrag von Herzog Georg Wilhelm errichtet, der für das damals beliebte Federballspiel von Wind und Wetter unabhängig sein wollte und daher dieses Haus bauen ließ.

1664 schenkte der Herzog seinem Kammerdiener Stechinelli das Haus, dieser holte dann auch die ersten Komödianten zu Vorstellungen, bis 1852 blieb der Ballhof der größte Veranstaltungsraum für Tierschauen, Konzerte, Tanzveranstaltungen oder einfach nur als Gaststätte, der Ballhof war für so manches gut. Im angrenzenden Viertel wohnten eher die unteren sozialen Schichten, und in den 1920er-Jahren fand hier – wo sich heute das Rotlichtmilieu befindet – jenseits der kleinbürgerlichen Normen auch ein offenes schwul-lesbisches Leben statt. Das gefiel den Nationalsozialisten wenig, das Viertel wurde saniert und der Ballhof selbst ein Haus für die Hitlerjugend.

Nach dem Krieg zog das Ensemble des Staatstheaters in den unzerstörten Raum, 1973/74 wurde der Bau als Kammerspieltheater eingerichtet. Die Theaterbühne war so konzipiert, dass sie verschiedene theatralische Formen zuließ. Fast immer waren die Stücke und Inszenierungen experimentell und standen für ein »neues Theater«.

Linker Hand des historischen Gebäudes ragt ein moderner Bau gefährlich weit in die enge Gasse, hier befindet sich seit 1990 der »Ballhof 2«, eine Probebühne des Staatstheaters.

Seit 1975 dominiert der Ballhofbrunnen den offenen Platz, drei große Bronzekugeln in einem runden Steinbecken. Und nur wenige Schritte weiter Richtung Leineufer unter dem Marstalltor führten die Hannoveraner früher ihre Pferde zur Tränke, ein Bronzedenkmal von 1957 mit einem Mann und einem Pferd erinnert daran.

Die um den Ballhofplatz liegenden Cafés schaffen mit Pflanzenkübeln und Liegestühlen einen sonnigen Ruheplatz nicht nur für die Mittagspause.

20

**Kreuzkirche**
Kreuzkirchhof 1–3
30159 Hannover
0511 364370
www.kreuzkirche-hannover.de

**Restaurant Kreuzklappe**
Kreuzkirchhof 5
30159 Hannover
0511 320455
www.restaurant-kreuzklappe.de

# IDYLLE MITTEN IM TRUBEL

## Rund um die Kreuzkirche

Drei große Kirchen bestimmen die Innenstadt Hannovers. Die größte und älteste ist die Marktkirche, die zweite die Aegidienkirche und die dritte im Bunde die Kreuzkirche: ein Kleinod, das ein bisschen versteckt im nach ihr benannten Kreuzkirchenviertel liegt und offiziell *St. Spiritus et Crucis* heißt. Auch sie ist eine der ältesten Kirchen Hannovers, der elegante gotische Bau mit einem einschiffigen Langhaus wurde 1333 errichtet. Den Altar hat man sich zwar aus einer Stiftskirche in Einbeck mit einem kleinen Umweg über die Schlosskirche des Leineschlosses geholt, aber genau den sollte man sich ruhig näher ansehen, immerhin ist er von Lucas Cranach dem Älteren 1537 gestaltet worden. Die drei Leuchter übrigens hingen früher in der Aegidienkirche.

1652 wurde die Turmspitze bei einem Sturm zerstört, der spendable Hannoveraner Johann Duve aber finanzierte einen neuen barocken Turmbau, dafür durfte er sich auch eine eigene Grabkapelle an der Südseite des Chores bauen lassen.

Die Kreuzkirche bildet den Mittelpunkt eines eigenen Viertels, eine innenstadtnahe Wohninsel. Vor dem Krieg war das Viertel eng bebaut, nach dem Krieg gründete sich hier die Aufbaugemeinschaft »Rund um die Kreuzkirche«. Die Eigentümer übertrugen ihre Grundstücke an eine Genossenschaft, diese teilte die Grundstücke neu auf und errichtete neue Häuser inmitten von Gärten und Grünanlagen, ein Vorzeigebeispiel der Baumesse Constructa 1951, der ersten der Nachkriegszeit, das dem Straßennamen Goldener Winkel alle Ehre macht.

Zwischen der Kreuzkirche und der Burgstraße gibt es einen kleinen Fußgängerweg: Der Johann-Trollmann-Weg erinnert an den von den Nationalsozialisten ermordeten Sinto und Boxer Johann Trollmann, der im Außenlager Wittenberge des KZ Neuengamme starb. Vor seinem früheren Wohnhaus liegt für ihn und für seinen ebenfalls ermordeten Bruder ein Stolperstein.

Im Kreuzkirchhof befindet sich das türkische Restaurant Kreuzklappe. Unter diesem Namen und an diesem Ort gibt es seit 1887 ein Lokal.

21

**Altstadtflohmarkt**
(Samstag)
Am Hohen Ufer 1
30159 Hannover
0151 14774204
www.hannover.de

# WO HANNOVER SEINEN ANFANG NAHM

## Altstadtflohmarkt

Hannovers Flohmarkt ist jeden Samstagvormittag am Hohen Ufer an der Leine – und damit genau dort, wo die Geschichte der Landeshauptstadt vor über 750 Jahren ihren Anfang nahm: Am Hohen Ufer war eine vor Überschwemmungen sichere Terrasse, gleichzeitig eine Furt und Pferdetränke für zwei in der damaligen Zeit wichtige Fernstraßen, und der Name Hannover leitet sich ab von »Honovere« – was wiederum nichts anderes bedeutet als eben »hohes Ufer«.

Aus der kleinen Fährmannssiedlung wurde rasch eine Marktsiedlung mit Stadtrechten. Das aus dieser Zeit erhaltene Stück alte Stadtmauer bildet mitsamt dem Beginenturm, einem Wehrturm, die passende Kulisse für den Flohmarkt, Mauer und Turm sind integriert in das 1967 neu erbaute *Historische Museum für Stadt- und Landesgeschichte*, lange Jahre gab es im Turm eine Kneipe, die folgerichtig einfach *Turm* hieß. Unter der Stadtmauer existiert immer noch Hanebuths Gang, eines der Verstecke des Raubmörders Jasper Hanebuth aus dem 17. Jahrhundert.

1967 wurde der Flohmarkt nach dem Vorbild der gerade in Mode gekommenen Märkte von Paris und London eröffnet, der hannoversche ist damit der erste und älteste Flohmarkt Deutschlands. Schon bald reichte der Platz an der schmalen Uferpromenade für die fliegenden Händler nicht mehr aus, die Fläche wurde einfach um die gegenüberliegende Flussseite erweitert. Eben dort wurden 1974 auch die drei Nanas der französischen Künstlerin Niki de Saint Phalle aufgestellt: Drei überlebensgroße, dicke und bunt bemalte Damen, angesichts derer sich einige der braven hannoverschen Bürger zu empörten Protesten hinreißen ließen. Inzwischen lieben die Hannoveraner ihre Nanas.

Kaum zu glauben, dass anstelle des Leibnizufers bis nach dem Krieg hier auf einer Leineinsel Hannovers Armenhaus war. Der Flussarm wurde zugeschüttet, die Insel verschwand und damit auch das Armenviertel.

Für Gruselgefühl sorgt die Vorstellung, dass hier am Fluss in den 1920er-Jahren der hannoversche Massenmörder Fritz Haarmann sein Unwesen getrieben hat.

22

**Anzeiger-Hochhaus**
Goseriede 9
30159 Hannover
www.madsack.de/anzeiger-hochhaus-geschichte

**Hochhaus-Lichtspiele**
Goseriede 9
30159 Hannover
0511 14454
www.hochhaus-lichtspiele.de

# »DER SPIEGEL« STAMMT AUS HANNOVER

## Anzeiger-Hochhaus

Das Anzeiger-Hochhaus dominiert als typisch hannöverscher Klinkerbau von Fritz Höger den Platz am Steintor mit seinen immer noch eher behelfsmäßig wirkenden Zweckgebäuden aus den 1950er-Jahren. Das 1928 für den *Hannoverschen Anzeiger* errichtete Haus war eines der wenigen Gebäude, die den Zweiten Weltkrieg nahezu unbeschadet überstanden hatten, nur die Kuppel mit dem Planetarium brannte aus – und so diente es von 1949 bis 1974 wieder als Verlagshaus der *Hannoverschen Allgemeinen Zeitung*.

Doch bereits 1946 hatte die britische Militärregierung eine Gruppe von jungen Redakteuren eingesetzt, die ein wöchentliches Nachrichtenmagazin nach dem Vorbild der englischen *News Review* herausgeben sollten – geschrieben wurde im sechsten Stock an Gartentischen und -stühlen. Schon die erste Ausgabe sorgte prompt für einen Eklat: Der damals 22-jährige Chefredakteur Rudolf Augstein hatte die mangelhafte Lebensmittelversorgung in der britischen Zone auf das Schärfste kritisiert. Prompt wurde *Diese Woche* eingestellt, erschien jedoch bereits vier Wochen später wieder unter dem Namen *Der Spiegel* – ohne dass die Besatzungsverwaltung die Oberaufsicht gehabt hätte. Nur die Papierrationierung der Briten sorgte dafür, dass die Auflage nicht über 15.000 Exemplare hinauskam. 1952 zog *Der Spiegel* von Hannover nach Hamburg.

In der zwölf Meter hohen Kuppel wurden bereits 1949 Kinofilme gezeigt, die *Hochhaus-Lichtspiele* haben den damaligen Namen beibehalten und betreiben das heute höchstgelegene Kino Deutschlands. Gleich neben dem Anzeiger-Hochhaus befand sich das städtische Goseriede-Bad mit einer imposanten Jugendstil-Schwimmhalle. Nachdem Wannenbäder nicht mehr so gefragt waren, zog die Kestner-Gesellschaft in die Goseriede und zeigt bis heute internationale zeitgenössische Kunstausstellungen.

Mit der Kinokarte erwirbt man auch einen der schönsten Blicke über die Dächer von Hannover, und abends leuchtet bunt das Nachtleben vom Steintor.

23

**KGB-Bar**
Stiftstraße 15
30159 Hannover
0175 6553455
www.kgbbar-hannover.de

# DER GEHEIM(DIENST)-TIPP

KGB-Bar

Schon der Eingang ist nichts für kapitalistische Weicheier. Als Erste entdeckten die Redakteure der *Neuen Presse* die Kellerräume in der Stiftstraße für sich – und ihre Erzählungen von großartigen After-Work-Treffen klangen immer ein bisschen nach dem Kitzel des Zwielichtig-Verbotenen, nach Spionage und russischer Mafia. Seit mehreren Jahren existiert die KGB-Bar inzwischen, seit 2011 betreibt Ekaterina Reich mit ihrem Mann den Geheim(dienst)tipp unter Hannovers Kneipen.

Die wellplastiküberdachte Treppe ins Kellergeschoss ist durchaus stilsicher, zumindest wenn man auf Spionagethriller wie bei John le Carré steht. Auch der Kneipenraum selbst wirkt auf den ersten Blick nicht unbedingt einladend, eine Theke, ein paar Tische – eher eine KGB-Kantine als eine gemütliche Kellerbar. Trotz sowjetrussischer »Devotionalien« fragt man sich, was man hier eigentlich soll. Aber dann fällt der Blick auf die Speisekarte! »Das richtige Leben ist nicht immer so, wie es scheint. Und das ist gut so«, steht da, und tatsächlich muss man sich einmal quer durch diese Karte gegessen und getrunken haben, von Pelmeni über Blini bis zur Soljanka, um die ganze Wahrheit dieses Satzes zu verstehen! Die Küche ist hervorragend, und der *Shooter Kalashnikov – ein Mix aus Wodka, Whiskey und Rum,* zu dem man am besten Knoblauchbrot isst – wirkt durchaus seelentröstend. Bei drei Doppelten hat man genug Alkohol im Blut, sodass es auch noch für den nächsten Morgen reicht. Vielleicht muss man mit mehreren Leuten herkommen, Wodka und russische Tristesse sind nichts für einsame Herzen.

Übrigens: Grimmig schweigsame Geheimdienst-Offiziere sind keine da, oder wenn, erkennt man sie nicht. Stattdessen viele junge Leute. Und wer in der Schule ein wenig Russisch gelernt hat, kann sich ja zur Überprüfung seiner Sprachkenntnisse an eine Bestellung trauen und dann gespannt abwarten, was die Bedienung so bringt!

»Wodka, Wodka und ein bisschen Geheimnis« lautet das Rezept für den *Shooter Kalashnikov,* beim Doppelten wird die Schiffsglocke geläutet und ein Abzeichen verliehen.

24

**The Irish Pub**
Brüderstraße 4
30159 Hannover
0511 14589
www.irishpub-hannover.de

# DIE ERSTE IRISCHE KNEIPE

## The Irish Pub

Angefangen hat eigentlich alles in der Nordstadt, als 1988 das irische Musikerpaar Geraldine und Seamus MacGowan die *Notenkiste* übernahmen. Jahrelang waren die MacGowans mit ihrer Band *Oisin* auf Tour gewesen und hatten traditionelle irische Musik gespielt, bevor sie ausgerechnet in Hannover hängen blieben.

Anfang der 1990er-Jahre wechselten sie von der Nordstadt ins Zentrum und eröffneten in der Brüderstraße das *MacGowans & Son*, das sich in kurzer Zeit zu einer von Deutschlands besten Musikkneipen entwickelte. Seamus dekorierte die Kneipe mit originalen Fundstücken von der Grünen Insel, Geraldine zauberte in der Küche ein *Seafood Chowder* – und wenn Seamus nicht hinter der Bar stand und Geraldine nicht in der Küche, gab es Irish Folk vom Feinsten. Oft genug hing ein Pappschild an der Tür: »Sorry, pub is full, try again tomorrow.« Das irlandbegeisterte Publikum drängte sich im engen Kneipenraum, die Luft war zum Schneiden dick, das gute Guinness floss in Strömen, Geraldine sang vom endlosen Meer und von gescheiterten Revolutionen.

Gleich zweimal, 1999 und 2000, wurde das Pub als *Guinness Pub of the Year* ausgezeichnet. Und als Geraldine und Seamus 2001 zurück nach Doolin an die irische Westküste gingen, gab es so manchen Stammgast, der ihnen am liebsten gefolgt wäre. Aber auch wenn früher mal wieder alles besser war, hat sich die heute schlicht als *The Irish Pub* ausgewiesene Kneipe ihre ganz besondere Atmosphäre bewahrt. Die Musik von *Geraldine MacGowan & Friends* kommt zwar nur noch als Konserve aus den Lautsprechern, aber das Guinness schmeckt wie eh und je, und wer mit mehreren Leuten einen freien Tisch ergattern will, muss möglichst früh kommen.

Das *Irish Pub* gehört zum *Dublin Inn* an der Marktkirche, auch hier ist es schön und stilsicher irisch – das alte *MacGowans & Son* aber bleibt das Original.

Für den kleinen Hunger gibt es original englisch-irische Kartoffelchips (auf englisch *crisps*), wahlweise *cheese and onion* oder *salt and vinegar.*

25

**Pavillon Hannover**
Lister Meile 4
30161 Hannover
0511 2355550
www.pavillon-hannover.de

# EIN SELBSTVERWALTETES KULTURKAUFHAUS

## Kulturzentrum Pavillon

Der Pavillon ist nicht nur eines von Norddeutschlands größten alternativen Kommunikationszentren, sondern auch ein Stück neuerer Hannovergeschichte. Als in den frühen 1970er-Jahren das DeFaKa-Kaufhaus in der Innenstadt umgebaut wurde, brauchte man eine provisorische Verkaufsfläche – und so entstand hinter dem Hauptbahnhof ein Flachdachgebäude, das niemals von Dauer sein sollte. Aber kaum stand der Pavillon 1974 wieder leer, wurde er von der Bürgerinitiative Raschplatz e. V. als »selbstverwaltetes Haus für Kultur, Soziales und Politik« erstritten und das Provisorium im Laufe der Jahre zur festen Einrichtung. An die kämpferischen Anfänge erinnert auch der gelbe Gorleben-Stein schräg gegenüber am Rand des Weißekreuzplatzes, als hier 1979 der legendäre Demonstrationstreck gegen Atomkraft und das Endlager in Gorleben startete, an dem über 100.000 Menschen teilnahmen.

Politische Veranstaltungen und Aktionen kennzeichnen die Geschichte des Hauses, auf dem Programm stehen Konzerte, Theaterveranstaltungen, Lesungen, Diskussionen, Kulturfeste und Partys, zu den etwa 360 Veranstaltungen pro Jahr gehören auch das Welt-Beat-Festival *Masala*, das Weltmusik bekannter Künstler und Künstlerinnen präsentiert. Eine Stadtteilbücherei, ein Kindergarten, ein freies Theater und eine nicht nur im Stadtteil beliebte Szenekneipe haben hier ihr Zuhause gefunden. Die Stadt ist Eigentümerin des Gebäudes, drei Viertel des jährlichen Haushalts müssen jedoch durch Einnahmen aus Veranstaltungen, Stiftungen und Spenden erwirtschaftet werden.

Nach langen Verhandlungen fiel 2011 die Entscheidung, den Pavillon von Grund auf zu sanieren, damit bleibt eines der ältesten Provisorien der Stadt Anlaufstelle für alle politisch engagierten und kulturell interessierten Bürger.

Auf dem Dach des Pavillons befindet sich eine markante und nicht zu übersehende Fotovoltaikanlage, inzwischen ein Wahrzeichen für das Haus.

26

**Wedekindplatz**
Zwischen Wedekind- und
Cellerstraße
30161 Hannover

**Wedevini**
Wedekindplatz 2
30161 Hannover
0511 3360610
www.wedevini.de

# WO SICH LIST UND OSTSTADT TREFFEN

## Wedekindplatz

Der Wedekindplatz ist nicht besonders groß, aber ein trubeliges Kleinod mit dem französischen Restaurant *Marie,* das mitten auf der Grenze zwischen den Stadtteilen List und Oststadt liegt und damit ein wunderbarer Ausgangs- und Endpunkt von Hannovererkundungen in zwei Richtungen ist. Die beiden Wohnquartiere kann man ruhig zusammendenken, auch manch Alteingesessener weiß nicht immer genau, wo die Grenzen eigentlich verlaufen.

Im Mittelalter war die List ein Bauerndorf, der Name geht zurück auf die Lage an der heutigen Eilenriede, »List« war der Begriff für einen »Ort am Waldrand«. Um die Jahrhundertwende siedelten sich hier große Unternehmen an, die Keksfabrik Bahlsen, die chemische Fabrik von Riedel de Haën. Das dörfliche Leben ging zu Ende, Wohnungen für Arbeiter wurden gebraucht und prunkvolle Villen für die Besitzer, die sich vornehmlich am Rande der Eilenriede ihr Domizil einrichteten. Nach der Eingemeindung 1891 wurde die List als Wohngegend attraktiv. Gut betuchte Hannoveraner zogen in diesen verkehrsgünstig und grün gelegenen Bereich, davon zeugen noch die vielen Jugendstilbauten in der Bödeker- oder Ferdinand-Wallbrechtstraße: prächtige und stilvoll sanierte Bürgerhäuser, teilweise mit leuchtend bunt gestrichenen Fassaden. Kein Wunder, dass diese Wohnviertel beliebt sind, geschätzt von Lehrern und Familien mit Kindern. Und gut, dass die Stadt in den 1960er-Jahren kein Geld mehr hatte, gab es doch schon Pläne für den Abriss und moderne Bauten.

Lebensader der List ist die Lister Meile, eine Fußgängerzone, auf der man in Ruhe schlendern kann oder im Eiscafé sitzen und schauen: wie Mütter ihren Kinderwagen über die Meile schieben, Grundschüler lärmend auf dem Weg nach Hause sind, Jugendliche lässig mit dem Fahrrad alle anderen umkurven. Der Wedekindplatz mit seinen vielen kleinen Läden ist da um einiges ruhiger.

Als »Lister Lieblinge« haben sich kleine inhabergeführte Läden der List zusammengeschlossen, wie der Weinhandel *Wedevini* oder der Laden für extravagante Mode *Paraphernalia.*

27

**Konzertlokal Kanapee**
Edenstraße 1
30161 Hannover
0511 3481717
www.kanapee.de

# IM ZYLINDER DARF'S NICHT KLAPPERN

## Konzertlokal Kanapee

1981 eröffnete Erwin Schütterle in der Edenstraße sein *Kanapee* – ohne Fassbier und Tresen, aber dafür mit einem Konzertflügel, mit Sofas, ausgewählten Weinen und antiquarischen Büchern, ein »öffentliches Wohnzimmer«, das nichts Geringeres wollte, als die Salonkultur des 18. Jahrhunderts wiederzubeleben, kurz: eine in Hannover einmalige Begegnungsstätte für Künstler, Musiker und Schriftsteller. Und die »Erschütterung« war groß, als Schütterle 26 Jahre und 3.625 Konzerte später verkündete, seine Rolle als Kulturvermittler in die Hände seines langjährigen Mitarbeiters Yasir Khalaila zu übergeben.

Längst haben sich die Liebhaber von Literatur und klassischer Musik auch mit dem neuen Impresario angefreundet, und tatsächlich ist es Yasir Khalaila gelungen, die Tradition der Konzert- und Kleinkunstbühne ungebrochen fortzuführen. Es ist jetzt alles nicht mehr ganz so »plüschig« und das Publikum ist jünger geworden, aber der nicht eben seltene Hinweis »ausverkauft« spricht für sich. Das Programm aus Klassik, Klezmer, Foklore und Chanson mit internationalen Künstlern ist immer wieder frisch und überraschend, die aus Hannover stammende Diseuse Alix Dudel ist ebenso regelmäßiger musikalischer Gast wie die norwegische Musikerin Guro von Germeten oder die Konzertpianistin Darlén Bakke. Der Jaques-Brel-Abend von Dirk Schäfer wird vom Publikum alle Monate wieder eingefordert.

Die kleine Küche bietet dazu crosskulturelle Speisen mit einer Prise Mediterranem. Der Eintritt ist wie eh und je frei, Plätze werden telefonisch reserviert, und am Schluss jeder Vorstellung geht der Zylinder rum, in den die Gäste ihren Beitrag »möglichst geräuschlos« gleiten lassen – der Zylinder ist aus Plastik: Alles klar? Oder um es mit Khalailas Worten zu sagen: »Sie können den Künstlern eine nach oben hin unbegrenzte Freude machen!«

Klicken Sie zur Einstimmung mal auf die Homepage. Mit den tönenden Klaviertasten für die Infos werden Sie im Nu zum Original-Kanapee-Fazioli-Pianisten.

28

**Gaststätte Plümecke**
Voßstraße 39
30161 Hannover
0511 660969

# KULT MIT LANGER VERGANGENHEIT

## Kneipe Plümecke

Die ultimative Pflichtübung für jeden Hannoveraner heißt: »Hin nach Plümecke« und einmal Curry-Pommes bestellen. Wer zum ersten Mal kommt, staunt: Die von außen eher unscheinbar wirkende Kneipe in der Liststadt ist an nahezu jedem Werktag spätestens ab 18 Uhr brechend voll, Leute aus allen Schichten und Berufsgruppen treffen sich, die Stimmung ist alles andere als norddeutsch-kühl. Und eigentlich fragt man sich, wie das überhaupt sein kann – die Möblierung wurde seit Jahrzehnten nicht verändert, man bekommt seinen Platz an einem der langen Holztische zugewiesen, ohne eine Wahl zu haben, die Gäste werden ausnahmslos geduzt, bezahlt wird am Ende des Abends an der Theke nach Anzahl der Striche auf dem Bierdeckel.

Legendär sind die Currywürste mit Bergen von Pommes frites dazu, die auch Exkanzler Gerhard Schröder schon zu schätzen wusste. Und 2007 hat der Londoner Guardian die Kneipe sogar in die Liste der besten Bars Europas aufgenommen: Ein klassisches »German Pub«, lobt die Zeitung, mit »local beer« (Herrenhäuser Pils) und »delicious pub classics such as currywurst«.

Vielleicht ist es aber vielmehr noch die lange Tradition, die dem Plümecke einen besonderen Status unter Hannovers Kneipen verleiht – angeblich datiert eine erste Erwähnung bereits aus der Zeit der Weimarer Republik, als bekannter Treffpunkt kommunistischer und anarchistischer Arbeiter des nahe gelegenen Continental-Gummiwerkes, ab 1930 dann gab es eine eher unrühmliche Zeitspanne als Stammlokal der SA, seiner Gesinnung und seinen Gästen verdankte der damalige Wirt auch den Spitznamen »Nazi-Paul«. In den 1970er-Jahren wurde das Plümecke zum beliebten Treffpunkt der hannoverschen Jungsozialisten, noch später probte im Keller die Plümecke-Band. Wer also am einzigen Stammtisch gleich vorne links hinter dem Windfang vier mittlerweile ältere Herren antrifft, weiß, mit wem er es zu tun hat.

Man sollte sich nicht abschrecken lassen von dem äußeren Eindruck einer schlichten Eckkneipe. Und: Die Currywürste sind ein Geheimtipp!

## WAS SIE ÜBER HANNOVER WIRKLICH NICHT WISSEN MÜSSEN

### Typisch »hannöversch«!

Zwar gilt der gemeine Hannoveraner nicht unbedingt als weltoffene Frohnatur und großer Redenschwinger, aber ab und an passiert es selbst hier, dass Sie jemand unerwartet in ein Gespräch verwickelt – und sich plötzlich auch noch als ausgemachter Besserwisser erweist. Und genau dann ist es immer gut, wenn Sie »in Sachen Hannover« noch einen kleinen Trumpf im Ärmel haben, der den unerwünschten Redefluss zu stoppen vermag. Wir haben also ein bisschen »garantiert unnützes Wissen« zusammengetragen, das im Zweifelsfalle nicht nur Ihren Abend rettet, sondern Sie auch noch als »Butjer« qualifiziert, also als echten Hannoveraner, dem man so schnell keine Kröpcke-Uhr für den Marktkirchenturm vormachen kann.

Fangen wir am besten mit dem Thema Bier an, das passt zumindest zu jeder Party. Und Ihre wie zufällig eingeworfene Frage nach den Namen der beiden schwergewichtigen Zugpferde des historischen Bierwagens der ehemaligen Gilde-Brauerei wird selbst der bekennende Gerstensaftliebhaber nicht so einfach beantworten können. Aber Sie wissen es natürlich: Rosa und Mirza zogen den Wagen mit den Bierfässern durch die Stadt, ist doch klar.

Und überhaupt: Pferde! Um Ihr Gegenüber vollends zu verwirren, können Sie jetzt natürlich auch noch schnell anfügen, dass Hannovers Springreiter Hartwig Steenken, der leider tödlich verunglückte, ein Pferd besaß, das Simona hieß …

Ach ja: Böse Zungen behaupten übrigens, dass das hannoversche Bier seinen typischen, leicht süßlichen Geschmack einzig und allein der Tatsache verdankt, dass die Brauerei das für die Produktion notwendige Grundwasser unter dem nahe gelegenen Friedhof zapft!

Und vom Bier zum Rotwein ist es nur ein kleiner Schluck, äh, Schritt: Exkanzler Schröder isst nicht nur bekanntlich gerne Currywurst, sondern weiß auch schweren Rotwein und die eine oder andere Havannazigarre zu schätzen. Und manchmal trifft er sich mit seinem Freund, dem Anwalt Götz von Fromberg zum Krökeln. Die Partnerschaft in der Kanzlei aber hat er aufgegeben, nachdem Fromberg den

Weltfrieden zwischen den Rockerbanden der *Hells Angels* mit den *Bandidos* medienwirksam gefeiert hat. Zu den »Friends of Gerd« (den FROGS) gehören nicht nur Wladimir Putin, sondern auch ein nach eigener Aussage »streitbarer« Bauunternehmer namens Papenburg und *Scorpions*-Sänger Klaus Meine, während Ex-Bundespräsident Wulff eher mit Schlagersänger Heinz Rudolf Kunze befreundet ist.

Womit wir jetzt problemlos zum Thema Musik wechseln können. Kunze, unter Freunden auch einfach nur Heinz genannt, dichtete im Auftrag von Wulff das Niedersachsen-Lied neu (O-Ton Kunze: »Wir sind die Niedersachsen, taugen nicht für dumme Faxen, heil dir, Wulffs Revier!«). Und der hannoversche Musiker Winnie Martin schließlich hatte mal einen Neue-Deutsche-Welle-Hit mit der sehr hannöverschen Textzeile: »Ich fahr mit der Lambretta / raus nach meinem Vetter.« Aber es kommt noch besser: 1961 machten ausgerechnet die *Beatles* Reklame für Hannover! Sie ließen sich nämlich (in Hamburg) vor einem Eisenbahnwaggon mit der Aufschrift »Hugo Haase Hannover« fotografieren – und Hugo Haase war ein Karussell-Hersteller, der die moderne Achterbahn und die Wasserrutschbahn erfand und »König der Schausteller« genannt wurde.

Apropos *Beatles*, England und die Könige: Wissen Sie eigentlich, welche Farbe das Kostüm von Queen Elizabeth II. hatte, als sie 1965 Hannover besuchte? Kanariengelb, mit dazu passendem Hut und entsprechenden ellbogenlangen Handschuhen!

Na ja, und dann könnte man auch noch so ganz nebenbei erwähnen, dass die Lüttje Lage (ein Getränkemix aus Bier und Korn, neben dem Gersterbrot Hannovers einzige originäre Spezialität) aus einem Fünf-Zentiliter-Glas obergärigem Schankbier mit etwa 2,8 Volumenprozent Alkohol und 7,5 Prozent Stammwürze sowie einem Schnapsglas mit einem Zentiliter 32-prozentigem Korn besteht. Oder dass die *Staatliche Hochschule für Musik und Theater* am Emmichplatz von oben gesehen die Form eines menschlichen Ohres hat. Wer die »drei warmen Brüder« von Hannover sind, weiß hier eigentlich jeder: die Schlote des Heizkraftwerkes am Küchengarten in Linden. Aber fragen Sie doch mal, wann in Hannover die »Halbstarken-Krawalle« stattfanden. Und nein, das war nicht während der Studentenunruhen, als 1967 in Berlin der Hannoveraner Benno Ohnesorg von einem Polizisten erschossen worden war und damit auch die Provinzhauptstadt aufrüttelte. Das war auch nicht 1969 während der »Rote-Punkt-Aktion«, als Hannovers Autofahrer mit einem roten Punkt an der Windschutzscheibe solange kostenlos die Straßenbahnfahrgäste beförderten, bis die Verkehrsbetriebe die geplante Fahrpreiserhöhung zurücknehmen mussten. Und es hat auch nichts mit den berühmt-berüchtigten »Chaos-Tagen« der Punks gegen die »Punker-Kartei« der Polizei zu tun, die 1995 in der Nordstadt tobten. Sondern bereits am 13. August 1956 versammelten sich rund 200 Jugendliche mit Schlagstöcken bewaffnet am Bonifatiusplatz in der List, »um die Polizei zu vertrimmen«. Grund für den Aufstand war das wiederholte Vorgehen der Polizei gegen die »Moped-Knatterer«, die sich mit Vorliebe auf Plätzen wie dem »Bonni« oder dem »Molle« (Moltkeplatz) trafen, um gegen Spießer und Uniformierte vorzugehen. Und mancher Anwohner der List erinnert sich auch noch an die Straßenschlachten zwischen den verfeindeten Jugendlichen von Bonni und Molle, die sich nur dann einig waren, wenn sie alle paar Monate mal gemeinsam die vom »De Häener« (De-Häen-Platz) verprügelten.

Selbstverständlich hat Hannover auch echte Kriminelle aufzuweisen, allen voran den Serienmörder und Polizeispitzel Haarmann, der seine Opfer in den 1920er-Jahren schlichtweg verwurstete (»Warte, warte nur ein Weilchen, dann kommt Haarmann auch zu dir, mit kleinen Hackebeilchen macht er Schabefleisch aus dir, aus den Augen macht er Sulze, aus dem Hintern macht er Speck, aus den Därmen macht er Würste, und den Rest, den schmeißt er weg«).

Doch schon lange vorher, im Dreißigjährigen Krieg, machte ein gewisser Jasper Hanebuth von sich reden, auf dessen Konto mindestens 19 Raubmorde in und um Hannover gingen. Der Hanebuthwinkel am Rand der Eilenriede erinnert noch heute an den ruchlosen Schurken – und nur wer wirklich Böses denkt, fragt sich, warum ausgerechnet Milliardär Maschmeyer, der Gründer des unabhängigen Finanzberatungsunternehmens AWD, in eben diesem Hanebuthwinkel wohnte, bevor die Liebe ihn an den Starnberger See zog …

Da ist es dann doch allemal sicherer, das Gespräch zügig wieder auf eine harmlosere Ebene zu lenken und kurz mal zu erwähnen, dass die *Gelben Seiten,* das Branchen-Telefonbuch von Hannover, 2001 einen Preis erhielten – für ein »vorbildliches Telefonbuch«! Oder – auch nicht schlecht – eine typisch hannoversche Erfindung, die viel zu selten genannt wird: der blau-rote Radiergummi, der mit der blauen Seite als Erster auch Tinte radieren konnte (dass leider meistens auch gleich das Papier mit dran glauben musste, können Sie ja einfach verschweigen). Und apropos Radieren = Löschen: Im Jahr 1902 hatte Hannovers Feuerwehr den ersten selbstfahrenden Löschzug der Welt! Mit drei Wagen, die von jeweils zwei einzeln auf die Hinterräder wirkenden Elektromotoren (!) von je 4,3 PS Leistung angetrieben wurden und Platz für 17 Mann boten.

Natürlich sollten Sie auch jederzeit noch ein bisschen über »echte« Kunst reden können. Und da ist es gut zu wissen, dass Hannovers »Totalkünstler« Timm Ulrichs mit Blindenbinde und weißem Stock so schöne Sätze von sich gegeben hat wie »Ich kann keine Kunst mehr sehen« und schon 1974 eine Kleinanzeige geschaltet hat, in der er Nachhilfe in Sachen Small Talk anbot: »Wie kann ich – ohne viel Ahnung – in kunstgerechtem Jargon mitreden?« Womit gewährleistet ist, dass Sie nie wieder um ein paar kluge Sätze verlegen sind, wenn Sie auf irgendeiner Party in Hannover eingeladen sind, siehe oben. Dann brauchen Sie eigentlich nur noch mit dem typisch-hannöverschen »äö« anstelle eines einfachen Vokals zu fragen: »Äölles kläör?« – Alles klar!

PS: Ganz frisch übrigens gibt es ein »Rating«, das Hannover in einer weiteren Kategorie auf Platz eins katapultiert: Hannover hat nämlich nicht nur bundesweit die meisten Versicherungsgesellschaften aufzuweisen, sondern auch die meisten … na? Richtig, Möbelhäuser!

29

Pelikan-Fabrik an der
**Podbielskistraße**
30655 Hannover

# FIRMEN VON WELTRUF AM LAUFENDEN METER

## Straße »Die Podbi«

Ganz sicher wird niemand im Ernst behaupten wollen, dass »die Podbi« besonders schön sei. Daran ändert auch die Koseform für die Straße nichts, mit der der Hannoveraner sich den eher unaussprechlichen Namen »Podbielski« einfacher macht. Wer's richtig sagen will, spricht kein langes »ie«, sondern schummelt ein »j« dazwischen: »Podbijelski!« Benannt ist die Straße nach einem hannoverschen Husarengeneral, der sich (ausgerechnet) um den Radsport verdient gemacht hat. Und die Podbi ist so typisch für Hannover, dass sie allein deshalb schon unbedingt erwähnt gehört!

Als eine der großen Ausfallstraßen von Hannover führt sie vom Lister Platz über 5,2 Kilometer Richtung Nordosten. Und wie kaum eine andere Straße versammelt sie Firmen von Weltruf. Das beginnt gleich nach dem Lister Platz linker Hand mit dem prachtvollen ehemaligen Verwaltungsgebäude der Bahlsen Keksfabrik. Bis in die 1970er-Jahre wurde hier auch der weltberühmte Leibnizkeks produziert, dessen vergoldetes Abbild 2012 plötzlich auf ebenso mysteriöse Weise verschwunden war, wie es nach einigen Monaten wieder auftauchte.

Kaum weniger prachtvolle Häuser säumen die Straße – immer wieder unterbrochen von reinen Wohnzweckbauten aus den 1950er-Jahren, die auch hier die vorhandenen »Bombenlücken« füllen mussten. Die Kreuzung *Vier Grenzen* verweist auf die früheren Grenzen zwischen vier großen Gehöften des Dorfes List. Der Gebäudekomplex auf der linken Seite ist der List-Hof, eine von vier fortschrittlichen und zukunftsweisenden Wohnanlagen, die zwischen 1913 und 1930 für die rasch wachsende Bevölkerung gebaut wurden.

An der Stadtbahnhaltestelle Pelikanstraße erhebt sich folgerichtig die alte Pelikan-Fabrik. Früher gab es im Eingangsbereich einen Teich mit zwei lebenden Pelikanen, heute ist der Fabrikbau aufwendig restauriert und beherbergt unter anderem ein Restaurant und ein hochklassiges Hotel. Nur ein paar Meter weiter kommt auf der rechten Seite das ehemalige Gebäude der *Grammophon*, der ersten deutschen Schallplattenfabrik, gegründet 1898 von Emil Berliner, die daraus hervorgegangene Polydor zog 1982 nach Langenhagen um und gehört zum weltweit größten CD Produzenten, der *Universal Music Group,* aus der wiederum die *Entertainment Distribution Company (EDC)* hervorgegangen ist.

Der Spannhagengarten ist wieder einer dieser Wohnkomplexe, der wie eine Burg daherkommt. Auf der linken Seite der Podbi zieht sich dann ein mehrere Straßen umfassendes Gebäudeensemble hin, das zum sogenannten Backsteinexpressionismus gehört – rote Klinkerhäuser, symmetrische Fassaden mit Wandreliefs – und rechts vor dem Klingerplatz findet sich ein Wohnbauprojekt aus den 1930er-Jahren, unten sind kleine Läden mit Durchgängen zu den dahinterliegenden Seitenflügeln und Gartenanlagen, im obersten Stockwerk gibt es Einraum-Wohnungen mit Fenstern bis auf den Boden und Nordlicht – ehemals geplant als bezahlbare Ateliers für Künstler.

Auf dem Gelände gegenüber hatte Bahlsen seine Schweineställe, in denen die Keksabfälle verfüttert wurden, inzwischen steht hier ein modernes Lagerhaus. Dahinter aber hat man versucht, eine »hippe« Wasserstadt zu schaffen – vom Mittellandkanal aus sind Stichkanäle angelegt. Der nächste Abschnitt ist hauptsächlich von Autohäusern geprägt – interessant ist dabei höchstens, dass der Luxuskarossenautohändler auf der rechten Seite auf den in den 1950er-Jahren bekannten Rennfahrer Petermax Müller zurückgeht.

Kurz bevor die Podbi den Mittellandkanal überquert, zweigt rechts der Läuferweg ab – hier wurden früher die Radiergummis produziert, die Fabrik war kaum größer als ein Zweifamilienhaus.

Gleich hinter der Brücke links ist die frühere Geha-Fabrik. Geha war vor allem bei den Schulfüllern eine ernst zu nehmende Konkurrenz für Pelikan, die Glaubensfrage unter Hannovers Schülern lautete: »Schreibst du mit Geha oder Pelikan?«

Ein Einkauf beim Schlachter Violka, allein schon wegen des alten Werbeslogans: »Was der König unter den Fürsten, ist Violka unter den Würsten!«

Die Fassade der **Bahlsen Keksfabrik** verrät, dass sich alles um den »Leibnizkeks« dreht.

30

**Stadtwald Eilenriede**
Hohenzollernstraße
30161 Hannover

**Lister Turm**
**Freizeitheim, Biergarten, Restaurant**
Walderseestraße 100
30177 Hannover
0511 86671000
www.lister-turm-biergarten-hannover.de

# Erst Schweine, dann Spaziergänger

## Stadtwald Eilenriede und Lister Turm

Die Eilenriede ist Hannovers Stadtwald – und mit 630 Hektar Fläche der größte Stadtwald der Welt! Früher trieben die Bauern ihre Schweine zur Eichelsuche in die Eilenriede, heute ist der Wald Joggerparadies und grüne Lunge der Stadt, entlang der Hohenzollernstraße mit Teichen, kleinen Brücken und Ruhebänken eher parkähnlich angelegt, in weiten Bereichen einfach nur – Wald. Als Ausgangspunkt für eine Eilenriedetour bietet sich der Lister Turm an der Walderseestraße an, ehemals Landwehrturm und Pferdeumspannstation an der Landstraße nach Celle, 1898 zu einem romantischen Fachwerkschlösschen erweitert, lange Zeit Standort der Hochschule für Musik und Theater, heute Freizeitheim mit Gewölberestaurant und großem Biergarten unter Buchen und Eichen.

Gleich hinter dem Biergarten stößt man auf einen breiten Teerweg mit langer Geschichte – zwischen 1924 und 1955 war der hannoversche Stadtwald Schauplatz der legendären Eilenriede-Rennen. Auf der 4,8 Kilometer langen Ringstrecke Lister Turm, Zoo, Waldstraße, *Steuerndieb,* Lister Turm jagten hier Motorräder je nach Hubraumklasse über 20 oder 40 Runden, Ausrichter war der Motorrad-Club Niedersachsen, Teil des örtlichen ADAC. Natürlich gab es vielerlei Widerstände, schon damals sorgten sich Naturfreunde um die Vogelbrut und die zu erwartende Verschmutzung der Eilenriede durch die Besucher des Rennens. 1928 lag der Rundenrekord bei 99,1 Kilometer in der Stunde, 1929 hieß das Motorradrennen »Kampftag der Motoren«, passend dazu gab es dann auch zwei Tote an den die Strecke säumenden Eilenriede-Bäumen.

Heute geht es ruhiger zu, zu Fuß braucht man für die Rundstrecke eineinhalb bis zwei Stunden. Und wer's noch gemütlicher mag, legt eine Kaffeepause im *Steuerndieb* ein, einem Restaurant und Hotel an der Stelle der 1392 erstmals erwähnten Landwehr *Stürendeiv*, deren Name als »Steuern für den (Holz-)Dieb« erklärt wird.

Um zu sehen, wie grün Hannover ist, steigt man am besten auf das Wald-Hochhaus, einen begehbaren Turm in der Waldstation. Der Aufstieg ist eine Entdeckungsreise, die Aussicht grandios.

31

**Buchhandlung Sternschnuppe**
Silberstraße 7
30655 Hannover
0511 540145
sternschnuppe.
buchhandlung.de

**Das Bücherhaus**
Antiquariat
Hermann Wiedenroth
Im Beckfeld 48
29351 Bargfeld
05148 1248
buecherhaus.antiquar.de

# DER DUFT NACH BÜCHERWELTEN

## Buchhandlung Sternschnuppe

Buchhandlungen können Lieblingsplätze sein, Wohlfühlorte, die auf wenig Raum Welten offenbaren. Und wenn jemand herbeieilt und über die Bücher sowie deren Autoren und Autorinnen zu erzählen weiß, ist das Glück des Stöbernden perfekt.

Otto Stender († 2021), der Begründer des *Leselernhelfer-Bundesverbands Mentor*, war in Hannover so ein Buchhändler mit Leib und Seele – und davon gibt es noch einige. Rund 50 Buchhandlungen zählt die Stadt, neben den großen Ketten gewährleisten vor allem die inhabergeführten Läden eine verblüffende Vielfalt. In nahezu jedem Stadtteil findet sich ein solches Kleinod, und gleich vier wurden in den letzten Jahren mit dem Deutschen Buchhandelspreis ausgezeichnet: der (ehemals reine) »Frauenbuchladen« *Annabee* unweit dem Lindener Markt, *Mascha Kascha* in der Nordstadt, *Leuenhagen & Paris* an der Lister Meile und die *Sternschnuppe* in Groß-Buchholz. Nicht nur *Sternschnuppe*-Gründerin Birgit Nerenberg sowie der heutige Inhaber Konrad Baumer und sein Team schätzen die Anerkennung ihrer Arbeit.

Die Anfänge der hannoverschen Buchhandlungen liegen im Jahr 1815, als Heinrich Wilhelm Hahn die Konzession für eine Verlagsbuchhandlung in der königlichen und kurfürstlichen Residenzstadt erhielt. Von 1818 bis 1873 war die *Hahnsche* offizielle Hofbuchhandlung. Erst 2013 wurde der Laden gegenüber dem Leineschloss geschlossen. Auch *Ex Libris* am Judenfriedhof nahe der Universität existiert nicht mehr – ab den 1970er-Jahren konnte man dort von Buchhändler Eilhard selbst seltene Titel aus England und Frankreich bekommen. Heute geht das alles übers Internet. Aber das besondere Flair einer »echten« Buchhandlung gibt es nur analog. Und das wird so bleiben.

Am einstigen Wohnort Arno Schmidts (1914–1979) steht das *Bücherhaus* von Hermann Wiedenroth. Der Antiquar aus Hannover ist seit 1990 in Bargfeld bei Celle vor allem auf Karl May und eben Arno Schmidt spezialisiert, jenen Schriftsteller, der mal sagte: »Was soll ich in New York? Ich war schon zweimal in Hannover.«

32

**Alter Dorfkern Groß-Buchholz**
Alter Dorfkern
Kapellenbrink
30655 Hannover

**Restaurant OutbaX Spirit**
Groß-Buchholzer
Kirchweg 68
30655 Hannover
0511 578251
www.outbaxspirit.de

# Über Nacht zum Millionär

## Altes Dorf Groß-Buchholz

Tatsächlich war Groß-Buchholz bis in die 1950er-Jahre ein nahezu intaktes Dorf am östlichen Stadtrand – mit Kornfeldern, Pferden und Kühen, Kriegerdenkmal, Milchgeschäft und eigener Poststelle im »Kurzwarenladen«. Die Groß-Buchholzer Bauern bestellten ihre Wiesen und Weiden bis zum heutigen Roderbruch hinüber; als die Stadt in den 1960er-Jahren Land kaufte, auf dem die Medizinische Hochschule gebaut werden sollte, wurde mancher Kuhbauer über Nacht zum Millionär. Und die Groß-Buchholzer Kinder staunten nicht schlecht über einen goldfarbenen Mercedes-Pullman, der neben dem Misthaufen parkte, und überlegten sich, wie viele VW-Käfer man dafür kaufen konnte.

Das Kriegerdenkmal gibt es immer noch, interessanter aber ist die Reihe von schön restaurierten Bauernhäusern aus dem 18. und 19. Jahrhundert, die den Groß-Buchholzer Kirchweg säumen oder im alten Dorfkern am Kapellenbrink zu finden sind. Besonders sehenswert ist die über 500 Jahre alte Kapelle und spätere Dorfschule mit dem dazu passenden Bauerngarten, der von den heutigen Bewohnern liebevoll gepflegt wird.

Einige der Bauernhäuser beherbergen stilvolle und gute Restaurants. Im *OutbaX Spirit*, wo man heute Kängurufilets mit einem Pitcher eigens für das Restaurant gebrauten *OutbaX Craft Bier* genießen kann, wohnten früher die Tagelöhner und Altbauern des Vollmeierhofes 8. Das ist einer von acht Höfen, die vor 700 Jahren rund um die Kirche das Dorf Groß-Buchholz bildeten, die Gefache sind mit Raseneisenstein gefüllt, ein »klima-aktives« Moorgestein aus den Niederungen des Flüsschens Wietze. Auf dem Hof Pieper, heute ein italienisches Restaurant, wurde 1607 Jasper Hanebuth geboren, der sich nach dem Söldnerdasein im Dreißigjährigen Krieg seinen Lebensunterhalt als Raubmörder »verdiente« und dessen Schicksal auf dem Rad sein Ende fand. Ein Sockeltorso des Bildhauers Waldemar Otto erinnert an Hanebuths letztes Opfer.

Am Ende des Kapellenbrink befindet sich ein denkmalgeschütztes Ensemble von restaurierten Bauernhäusern – mit alten Eichen und versteinerten Dinosaurierfußspuren!

33

**Grasdachsiedlung Laher Wiesen**
Rechts und links der Straße Im Wiesenkampe
30659 Hannover

# »Holzbaracken« mit Modellcharakter

## Grasdachsiedlung

Lange Zeit wussten viele »Ureinwohner« des hannoverschen Stadtteils Bothfeld kaum etwas mit der 1984 gebauten Siedlung in den Laher Wiesen anzufangen – die bunt gestrichenen Holzhäuser mit den Grasdächern galten bestenfalls als fragwürdige Spinnerei. Tatsächlich aber ist die Grasdachsiedlung mit ihren mehr als 70 Reihenhäusern eines der frühesten und größten ökologischen Bauprojekte Deutschlands – und mittlerweile nicht nur für Architekturstudenten eine Exkursion wert, sondern Vorzeigeobjekt einer gelungenen Stadtteilplanung.

Das ökologische Konzept beinhaltete flächensparendes Bauen mit größtmöglicher Nutzungsflexibilität der Häuser, Energieeinsparung durch passive Sonnenenergie, umweltfreundliche Baustoffe wie chemisch unbehandeltes Holz und Farben auf natürlicher Basis, autofreie Wohnwege und so wenig wie möglich versiegelte Flächen, kurz: Wohnen in der Grasdachsiedlung ist so etwas wie andauernder Ferienhausurlaub in Dänemark. Außerdem war es von Beginn an erklärtes Ziel, möglichst viel gemeinsam zu machen und eine funktionierende Wohn-Gemeinschaft zu bilden.

Vor allem für Kinder ist die Siedlung ein Paradies, Abenteuerspielplatz und geschützter Sozialraum zugleich. Nur wenige Schritte von den Häusern entfernt geht es über den siedlungseigenen Anger direkt auf die Wiesen und Pferdeweiden, auf dem Nachbargelände ist die neue Waldorfschule ansässig.

Im vorderen Teil sind die Häuser kleiner, zur Waldorfschule hin dann über einen Atriumgang mit Hinterhäusern verbunden, die als Altenteil, Büro oder Studentenbude genutzt werden. Zur Zwanzigjahrfeier wurden hannoversche Künstler eingeladen, sich mit der Siedlung auseinanderzusetzen, die Kunstobjekte sind längst mit den Häusern »verwachsen« – und die »Grasdächler« sind es gewohnt, als beliebtes Motiv fürs Erinnerungsfoto herhalten zu müssen.

Schön ist ein Spaziergang zwischen den wild wuchernden Vorgärten und berankten Fassaden und weiter durch Wiesen auf einer Weidenallee entlang.

84

Die Yukon Bay im
**Erlebniszoo Hannover**
Adenauerallee 3
30175 Hannover
0511 280740
www.zoo-hannover.de

# MAL ANDERE GESICHTER SEHEN

## Erlebniszoo Hannover

Am Rande der Eilenriede erstreckt sich der hannoversche Zoo. Bereits 1865 gegründet, übernahm nach dem Ersten Weltkrieg die Tierhandelsfirma Ruhe das weitläufige Gelände mit Löwenschlucht, Raubtierhaus und Affenfelsen, die Tiere waren jedoch häufig nur wenige Wochen im Zoo, bis sie verkauft wurden.

Nach dem Zweiten Weltkrieg entstand ein für damalige Zeiten moderner Freiflächenzoo, der vor allem für seine Elefantenzucht bekannt wurde – baulich allerdings prägten triste Betonanlagen das Erscheinungsbild, die Besucherzahlen sanken, daran konnte auch der schöne Werbeslogan »Mal andere Gesichter sehen« nichts ändern.

1994 entwickelte man ein neues Konzept, der Zoo wurde zu einer europaweit als einzigartig geltenden Erlebniswelt umgestaltet, die natürlichen Lebensräume der Tiere detailgetreu nachgebildet, die Distanzen zwischen Mensch und Tier auf ein Mindestmaß reduziert. Mit anderen Worten: Die heute jährlich über eine Million Besucher wandern von der Afrikalandschaft Sambesi zum Gorillaberg, vorüber am indischen Dschungelpalast und weiter durchs australische Outback direkt nach Kanada zur Yukon Bay, bis sie schließlich im niedersächsischen Fachwerk-Bauernhof wieder zu Hause sind. Neben den rund 3.500 Tieren sind es vor allem die Details, die nicht nur Kinder in andere Welten versetzen: Da steht mitten zwischen den Gorillas ein Landrover, und das Zelt daneben wirkt, als wären die Forscher eben erst zur Expedition aufgebrochen. In *Bill's Pub* mit den schönen Blechwerbeschildern haben sich längst exotische Vögel eingenistet, in der Fischhalle an der Yukon Bay turnen die Pinguine über den Kutter im Hafenbecken – es fällt leicht, hier einen ganz persönlichen Lieblingsplatz zu finden. Und das Abenteuer lässt fast vergessen, dass Hannovers Zoo auch der teuerste in Deutschland ist.

Den Zootag kann man im original niedersächsischen *Hoflokal* ausklingen lassen – und auch nach Öffnungsschluss des Zoos im Biergarten sitzen bleiben.

85

**Altes Magazin**
Kestnerstraße 18
30159 Hannover
0511 816981
www.altes-magazin.de

# Ein Stall für Hannovers Kulturszene

## Theater Altes Magazin

Das Alte Magazin in der Kestnerstraße wurde vor 100 Jahren als Kulissendepot für das Königliche Hoftheater gebaut, um später dann ein eher unwürdiges und lange Zeit auch ein nutzloses Dasein zu führen. Eine Ausnahme waren nur die Jahre, als Militärpferde zwischen den zehn Meter hohen, schlanken Säulen im Innenraum »geparkt« waren. Tatsächlich aber entdeckte das Staatsschauspiel Ende der 1980er-Jahre die Reize der Räumlichkeiten im Alten Magazin für das Theater. Das Haus wurde notdürftig zurechtgemacht und für kleine, experimentelle und extravagante Produktionen genutzt.

1994 schließlich zog das Klecks-Theater in das historische Gebäude. Das hannoversche Kindertheater hatte bislang noch ohne feste Spielstätte auskommen müssen. Das Problem blieb die dürftige Finanzierung, sodass man wegen der nicht vorhandenen Wärme- und Schallisolierung im Winter fror und es am späteren Abend nicht mehr laut werden durfte. Dennoch spielte das Klecks-Theater vor jährlich 25.000 kleinen Zuschauern, und für die Großen zeigten die Hannoverschen Kammerspiele ein ambitioniertes Abendprogramm, wobei der schwierig zu bespielende Saal mit der Doppelreihe tragender Säulen vielen Inszenierungen eine ganz eigene Ästhetik verschaffte.

Inzwischen sah sich die Stadt endlich zur dringend notwendigen Sanierung des denkmalgeschützten Gebäudes veranlasst. Seit 2011 fallen nun auch keine Ziegel mehr aus der Außenfassade, die zugigen Fenster sind dicht, die Toilette muss nicht mehr über den Hof aufgesucht werden, Büros, Garderoben und sogar eine Probebühne wurden integriert, ohne dass die einmalige Atmosphäre des Gebäudes zerstört wurde. Das Alte Magazin beherbergt das *Kinder- und Jugendtheaterzentrum* von Hannover und es darf laut geklatscht werden, ohne dass es noch einen Mieter aus den benachbarten Häusern stört.

Ein paar Minuten nach Ende der Vorstellung lohnt es sich, nur ganz still auf der leeren Zuschauertribüne sitzen zu bleiben und den Raum auf sich wirken zu lassen.

86

**Veterinärmedizinhistorisches Museum**
Bischofsholer Damm 15
Haus 120
30173 Hannover
0511 8567503
www.vethis.de

## DAS EINZIGE SEINER ART

### Veterinärmedizinhistorisches Museum

Wahrscheinlich kennt kaum jemand, der nicht zufällig Tiermedizin studiert hat, das kleine Museum im rot geklinkerten ehemaligen Apothekengebäude auf dem Gelände der Tierärztlichen Hochschule am Bischofsholer Damm – aber gerade das macht seinen Reiz aus. Und immerhin ist das Museum das einzige seiner Art in Deutschland!

Mehr als 650 Exponate bieten einen Einblick in die Geschichte der 1778 von Georg III. gegründeten *Königlichen Roßarzney-Schule*, 1913 zur Universität erhoben und vom Hannoveraner kurz »Tiho« genannt – einige der sechs Kliniken und 19 Institute befinden sich noch auf dem alten Campus. Vor allem um »Hannoveraner« geht es auch in der Ausstellung, die Pferdeheilkunde war die Grundlage der Tiermedizin, die sich erst später auf andere landwirtschaftliche Nutztiere und schließlich auf Haustiere ausweitete. Der Tierarzt früherer Zeiten arbeitete nicht nur als Landtierarzt, sondern insbesondere auch beim Militär. 1995 wurde das Museum um eine militärgeschichtliche Abteilung erweitert und spiegelt damit das gesamte historische Spektrum tierärztlicher Forschung und Praxis wider. Gerade mal 230 Quadratmeter ist das Museum groß, viele Exponate müssen in Magazinen lagern. Trotzdem ist viel zu sehen: Instrumente und Geräte zum Aderlass, zur Zahnbehandlung, Geburtshilfe, Kastration, Schmerzausschaltung, Hufbehandlung und Seuchenbekämpfung. Alle Objekte sind als Schausammlung so präsentiert, dass sie auch für Laien verständlich sind.

Aber Vorsicht! Ein leichter Grusel ist diesmal garantiert, und es soll auch schon vorgekommen sein, dass sich angehende Veterinäre von ihrem Berufstraum verabschiedet haben – ein Tierarzt, der mit dem Arm bis zur Schulter im Hintern einer Kuh steckt, ist nicht unbedingt jedermanns Sache, auch wenn die Fotos noch weit hinter der Wirklichkeit zurückbleiben.

Auf dem alten Campus mit seinen Klinkergebäuden und in den baumbestandenen, ruhigen Straßen kann man einen schönen Spaziergang machen.

37

**Stadtpark Hannover**
Theodor-Heuss-Platz 1
30175 Hannover
0511 16843801
www.hannover.de

# Seltene Rosen und japanische Fische

Stadtpark

Die Stadthalle mit dem Kuppelsaal gehört zu *Hannovers Congress Centrum,* kurz HCC; entworfen wurde der mächtige Bau von Paul Bonatz und Friedrich Eugen Scholer, die ihn 1911 bis 1914 errichten ließen. Der dazugehörige Park fristet leider ein Schattendasein, dabei ist er – geprägt von hohen Bäumen und Rhododendronbüschen – ein Kleinod Hannovers. Das gilt vor allem, wenn nicht gerade die Bundeswehr oder die zweitgrößte hannoversche Tageszeitung, die *Neue Presse,* hier ihre Gartenpartys feiern.

Einmal im Jahr nämlich sollte der *Sommerbiwak der 1. Panzerdivision* die Verbundenheit der Bundeswehr mit der Stadt zeigen. Allerdings gefiel nicht allen die Verknüpfung von Party und Panzer so recht, und man stellte von daher 2015 das Sommerfest ein. Ganz ohne Polizei und Demonstrationen kommt dagegen das »Rendezvous« der Zeitung aus, zu dem alle Hannoveraner eingeladen sind und bei dem Musiker und Künstler aller Couleur auftreten. Und pünktlich zum Muttertag kann sich der Gartenliebhaber hier bei der Pflanzenbörse mit Raritäten oder Spezialitäten für den eigenen Garten eindecken, nebst den dazugehörigen Gartentipps.

Aber eigentlich braucht der Garten gar keine Feste oder Pflanzentage, sondern genügt sich selbst, es gibt unzählige Rosensorten zu bewundern und behäbige Goldfische und Kois, auch eine eigens eingerichtete Schachecke mit großen Figuren, die zum öffentlichen Duell der Meister einlädt. Und im Teehaus kann man einer japanischen Teezeremonie beiwohnen. Die über allem thronende Stadthallenkuppel verweist auf kaiserliche Zeiten und vermittelt weltstädtisches Flair. Der Flaneur darf dann nur nicht den Kopf nach rechts drehen, wo das Betonhochhaus eines Hotels selbst wohlmeinenden Parkbesuchern vor Augen führt, wie man ohne Mühe auch dem schönsten Ort einen bitteren Beigeschmack verleihen kann.

Besonders schön ist es, inmitten des blühenden Rhododendron auf einem der vielen Stühle die ersten warmen Maitage zu genießen.

# 38

**Gartenstadt Kleefeld**
Nördlich der Kirchröderstraße vor der Schillerschule
30625 Hannover

**Villa Effertz**
Spinozastraße 5b
30625 Hannover

# Bürgerliche Idylle wie in England

## Gartenstadt Kleefeld

Vor über 100 Jahren hatte Ebenezer Howard eine Idee, wie sie wohl nur in England geboren werden kann, dem Land, das gleichermaßen Gärten liebt wie spleenige Einfälle. Howard nämlich entwickelte die Architekturutopie einer Gartenstadt: Statt unkontrolliertem Wachstum, statt Verdichtung in der Innenstadt und Slums in den Außenbezirken sollten neue, genossenschaftlich organisierte Stadtviertel am Rande von Großstädten gebaut werden, mit gesunden Wohnungen und eigenen Gärten. Und weil man Howards Idee auch in anderen Ländern für gut hielt, plante man in den 1920er-Jahren in Deutschland ebenfalls verschiedene Gartenstädte – so kam schließlich auch Hannover zu einem entsprechenden Viertel.

Da aber die Stadtväter keine Genossenschaftssozialisten waren (jedenfalls die meisten nicht) und im angepeilten Quartier Kleefeld die dort ansässigen Arbeiter schon über Wohnungen aus einer Baugenossenschaft verfügten, wurde die Idee ein wenig modifiziert. Die Ratsherren wollten nämlich auch dem Bedürfnis des gehobenen Bürger- und Beamtentums nach dem eigenen Einfamilienhaus nachkommen. So entstand ein Viertel, das durch seine Geschlossenheit und Backsteinkomposition von breit bemessenen Reihenhäusern mit jeweils eigenem Garten ziemlich einmalig ist – die Atmosphäre ist allerdings auch heute noch ein wenig beamtenmäßig behäbig.

Wenn man Richtung Eilenriede über die belebte Kirchröder Straße wechselt, wird es noch eine Ecke nobler. In den Straßen von Kant, Hegel, Fichte oder Spinoza, im sogenannten »Philosophenviertel«, stehen die Gründerzeit- und Jugendstilvillen des Großbürgertums, darunter die Villa Effertz mit ihrer wechselvollen Geschichte: erst Großindustriellen-Behausung, dann *Anstalt für Germanische Volks- und Rassenkunde*, nach dem Krieg Wohnheim für Schülerinnen der benachbarten Alice-Salomon-Schule und jetzt wieder in privater Hand.

Neuromantik aus Sandstein mit Fachwerkfassade: Die Villa Effertz in der Spinozastraße fand schon Eingang in eine *Tatort*-Doppelfolge aus Hannover.

39

**Alte Mühle**
Hermann-Löns-Park
30559 Hannover

**Parkrestaurant *Alte Mühle***
Hermann-Löns-Park 3
30559 Hannover
0511 559480
www.alte-muehle.de

# MEHRERE MALE UMGEZOGEN

## Alte Mühle

Die Alte Mühle ist ein schönes Ausflugsziel im Hermann-Löns-Park am östlichen Rand der Eilenriede – und Hannovers einzige erhaltene Bockwindmühle. Das heißt, im Gegensatz zu den »Holländern« mit beweglicher Haube musste hier der gesamte Aufbau in den Wind gedreht werden, daher stammt auch die eichenhölzerne Unterkonstruktion mit dem mächtigen Balkenhebel.

Interessant ist darüber hinaus, dass die Mühle im Laufe der Zeiten bereits mehrere Male (!) umgezogen ist. Ursprünglich (um 1580) mitten in der heutigen Innenstadt errichtet, an der Ecke Friedrichswall/Karmarschstraße, wurde sie 1701 südlich des Aegidientors angesiedelt, dann 1748 auf die Sparrenberg-Bastion an der Georgstraße versetzt – und musste knapp 100 Jahre später Platz für das umgebaute Opernhaus machen, zog auf den Emmerberg (heute Meterstraße) und dann weiter zum Engesohder Berg, wo sie aber bald dem Friedhof im Weg war. 1872 wanderte sie weiter nach Hohenbostel (Kreis Celle), wurde 1938 von der Stadt Hannover zurückerworben und fand schließlich ihren vorerst letzten Standpunkt im Hermann-Löns-Park. Nicht schlecht für eine Windmühle, oder? Gleich daneben findet sich das Parkrestaurant *Alte Mühle* in einem typisch niedersächsischen Hallenhaus (das übrigens aus dem Dörfchen Wettmar hierher versetzt wurde).

Der Hermann-Löns-Park entstand 1936 durch Trockenlegung eines versumpften Wiesengeländes als Landschaftspark mit weiten Grünflächen, Baumgruppen und Teichen. Der Name erinnert an den Heidedichter Hermann Löns (1866–1914), der auch Redakteur der Hannoverschen Zeitung war und mit durchaus spitzer Feder den hannoverschen Alltag aufs Korn nahm. Nur wenige hundert Meter von der Alten Mühle entfernt liegt das Annabad (korrekt: Kleefelder Bad, sagt aber niemand). Es hat sich mit seinen liebevoll restaurierten hölzernen Umkleidekabinen bis heute den Charme eines Waldbades erhalten.

Am Nordrand des Parks befindet sich die Kleingartenanlage Annateich, ihre 200 Gärten – gleichzeitig mit dem Park entstanden – zeichnen sich durch Holzlauben aus.

# 40

**Tiergarten Hannover**
Tiergartenstraße 117
30559 Hannover
0511 16848765
www.hannover.de

# FRÜHER GEJAGT, HEUTE GEFÜTTERT

## Tiergarten

Weit im Osten der Stadt, an den letzten Ausläufern der Eilenriede, liegt Hannovers Tiergarten. 1679 ließ Herzog Johann Friedrich einen Eichen- und Buchenwald als Wildpark für gelegentliche Jagdausflüge anlegen – es war ja auch einfacher zu jagen, wenn das Wild nicht weglaufen konnte. 1930 kam das Areal in städtischen Besitz und ist heute mit seinem alten Baumbestand, einer Damwildherde von 150 Stück, Rotwild und Wildschweinen zu allen Jahreszeiten beliebtes Ausflugsziel und eines der ältesten Wildgehege Deutschlands. 1945 war der Bestand auf Null dezimiert, während der Hungerjahre landeten die Tiere wohl in den Kochtöpfen der Hannoveraner. Heute kann man wieder fast auf Tuchfühlung zwischen ihnen spazieren gehen – und in der Dämmerung nach einer der zwölf Fledermausarten Ausschau halten, die in hohlen Baumstämmen Unterschlupf gefunden haben.

Der Tiergarten ist sowohl vom Haupteingang im Stadtteil Kirchrode aus zu erobern, als auch vom Hermann-Löns-Park in Kleefeld. Rechts vom Haupteingang steht Hannovers älteste Eiche, über 800 Jahre ist der Baum inzwischen alt! Und gleich daneben erzählt der Kronprinzenstein vom Jagdglück vergangener Zeiten: »Am 23. October 1858 erlegte seine königliche Hoheit der Kronprinz Ernst August an dieser Stelle den ersten Dam-Hirsch.«

Von der Rückseite aus führt der Spazierweg im Bogen zum Wildschwein-Gehege, das ein absolutes Muss ist, vor allem wenn zwischen März und Mai die längs gestreiften Frischlinge den Waldboden nach Würmern und Engerlingen durchpflügen. Übrigens: Wussten Sie, dass Wildschweine auf ungekochte Spaghetti stehen?

Im Herbst lädt das für den Tiergarten zuständige Forstamt zum Kinderfest ein, dann können Kinder und Eltern ihre gesammelten Eicheln und Kastanien abliefern – 20.000 Tonnen Winterfutter, die Rehe, Hirsche und Wildschweine wissen es ihnen zu danken.

Beim alljährlichen Herbstfest kann man Vogelhäuschen bauen und anschließend bei einen Lampionumzug durch den dämmrig-abendlichen Wald mitmachen.

41

**Schleuse Anderten**
An der Schleuse
30559 Hannover
www.visit-hannover.com
**Alter Bahnhof Anderten**
An der Bahn 2
30559 Hannover
0511 591710
www.alter-bahnhof-anderten.de

# HANNOVER IST AUCH HAFENSTADT

## Schleuse Anderten

1928 weihte Reichspräsident Hindenburg höchstpersönlich im kleinen Dorf Anderten die damals größte Binnenschleuse Europas ein – und für viele Hannoveraner wird das beeindruckende Bauwerk auch immer die Hindenburgschleuse bleiben.

Hier überwindet der Mittellandkanal auf seinem Weg vom Ruhrgebiet zur Elbe einen Höhenunterschied von 14 Metern – jährlich werden bis zu 22.000 Schiffe durch die 225 Meter langen Kammern geführt, seit der weitgehenden Automatisierung im Jahr 2003 ist der Durchgang mittlerweile auf zehn Minuten verkürzt. Aber immer noch gibt es einen Wärter, der zwischen den Lastkähnen der Binnenschiffer aus ganz Europa auch Kanu- und Sportbootfahrer »durchschleust« und für Führungen zur Verfügung steht: Höhe, Breite, Wassertiefe und was immer man sonst noch wissen will über die Doppelreihe der rot-weißen Maschinenhäuser, in denen die Ventile der Becken ihre Arbeit verrichten. Übrigens handelt es sich bei der Hindenburgschleuse um eine sogenannte Sparschleuse, aufgrund der beschränkten Platzverhältnisse werden in Anderten statt offener Becken geschlossene Sparkammern befüllt – das geschieht in den Kammermauern zu beiden Seiten der Becken auf fünf Ebenen übereinander mit pro Gang 40.000 Kubikmetern Wasser … alles klar?

Auf jeden Fall ist der Platz einen Ausflug wert, mit dem Fahrrad rollt man ohne störenden Autoverkehr beidseitig des Kanals direkt am Ufer entlang bequem bis nach Anderten. Und je nachdem, von wo man startet, gibt es gleich noch ein bisschen Sightseeing gratis dazu – das Restaurantschiff an der ehemaligen Arminiuswerft, das Lister Bad mit Hannovers einzigem Freibad-»Zehner«, die Bauwagensiedlung am Lister Damm, die neu gebaute Wasserstadt am Eulenkamp, die Buchholzer Windmühle, den Stichkanal am Misburger Hafen.

Ein schöner Abschluss für den Ausflug an den Kanal ist der Besuch des Biergartens im alten Anderter Bahnhof gleich »um die Ecke«.

# 42

Höger-Haus am
**Stephansplatz**
30171 Hannover

**Restaurant *Högers 1910***
Oesterleystraße 5–7
Ecke Stephansplatz
30171 Hannover
0511 5106425
www.hoegers-1910.de

# HANNOVERS KLINKERMODERNE

## Stephansplatz

Der Stephansplatz ist der Mittelpunkt der Südstadt. Einst als Rentnerstadtteil, Beamtenvorstadt, Ruhestandsquartier oder auch »Känguru-Viertel« verschrien (große Sprünge machen, aber nichts im Beutel haben), hat sich der Stadtteil in den letzten Jahren angenehm verjüngt, das Vorurteil, in der Südstadt gebe es mehr Dackel als Babys, gilt schon lange nicht mehr. Es wimmelt inzwischen von Kindern, und auf dem Bolzplatz kicken Väter und Söhne um die Wette.

Auch in der Gastronomie hat sich etwas getan und dort, wo früher das gediegene Restaurant *Zum Stephansplatz* war, ist heute das *Högers 1910*, das junge Leute aus allen Stadtteilen in die Oesterleystraße zieht. Das Haus ist in den 1920er-Jahren von Fritz Höger gebaut worden und charakteristisch für viele Backsteinensembles der Südstadt, die im Volksmund aufgrund ihrer Schlichtheit spöttisch als »Hannoverscher Barock« bezeichnet werden. Bekannt wurde der Architekt Fritz Höger übrigens mit dem Bau des Chilehauses in Hamburg (1922–1924) – Klinkerbausteine und Art-déco-Stil.

Die Südstadt wurde zu großen Teilen Mitte der 1920er-Jahre geplant und bis in die 1930er-Jahre fertiggestellt, ein Programm der Weimarer Republik gegen den Wohnungsmangel und die schlechten Lebensbedingungen in den Altbauwohnungen – viele Straßenzüge mit meist fünfstöckigen Mehrfamilienhäusern, und alle in Klinker. Im wahrsten Sinn herausragend – weil etliche Stockwerke höher – ist das Hochhaus Glückauf am Geibelplatz (Nummer 5), in der Tradition des roten Backsteinbaus, in der Architektur auch »Rote Moderne« genannt. Nach dem Krieg wollte allerdings keiner mehr Högers Entwürfe, zu sehr hatte sich dieser mit den Nationalsozialisten eingelassen. Ein Erbe dieser Zeit waren viele der Straßennamen in der Südstadt, so wurde auch der Carl-Peters-Platz 1994 in Bertha-von-Suttner-Platz umgetauft.

Freitags ist Markt auf dem Stephansplatz: Obst und Gemüse, Käse und andere Spezialitäten. Genuss für Auge und Magen!

48

**Stadtfriedhof Engesohde**
Orli-Wald-Allee 2
30173 Hannover
0511 16845674
www.hannover.de

# MAN KANN JA NIE WISSEN

## Engesohder Friedhof

Wer dem Trubel am Maschsee entfliehen will und ohne Jogger, Skater, Radfahrer, hungrige Enten und Schwäne einen Spaziergang machen möchte, sollte auf den Stadtfriedhof am Engesohder Berg ausweichen, den ältesten und bei seiner Einweihung 1861 auch den größten kommunalen Friedhof Hannovers. Durch das aus hellem Sandstein und farbigem Backstein gestaltete Eingangsportal mit seitlichen Arkaden und Mausoleen gelangt man in eine Anlage, die ein kreuzförmiges Wegesystem mit Abteilungen in Dreiecks-, Rechtecks- und Trapezform besitzt. So übersichtlich das klingt, irgendwie schafft man es doch immer wieder, sich zwischen den Erbbegräbnissen zu verlaufen. Aber so kommt man an wunderschön gestalteten und mit Sorgfalt und Liebe hergerichteten Grabstätten vorbei, die man vielleicht sonst übersehen hätte. Denkmäler aus Sandstein, Marmor oder Granit, Kreuze, Stelen, Obelisken, Säulen mit Urnen, Figuren, Gedenktafeln, Sarkophage und Gruftgebäude, gegliedert durch runde Schmuckplätze und Heckenpflanzungen als Raumbegrenzungen. Man wandelt auf diesem Heckenfriedhof von einem grünen Raum in den nächsten. Gut, dass da die Haupt- und Nebenwege wenigstens parallel verlaufen, so findet man irgendwann auch mal wieder den Ausgang. Und weil der Friedhof ein denkmalgeschütztes Kleinod ist, wird auch darauf geachtet, dass er in seiner Form erhalten bleibt.

Wer hier spazieren geht, sollte nicht einfach an dem Bödeker-Engel im Eingangsbereich vorbeigehen. Dieser Engel ist einer von 15, die der Pastor Hermann Wilhelm Bödeker 1854 in der Stadt aufstellen ließ, um die Bürger zu Spenden für wohltätige Zwecke zu animieren.

Auch der Dada-Künstler, Maler, Grafiker und Dichter Kurt Schwitters fand nach seinem Exil in Norwegen und England während des Nationalsozialismus hier seine Ruhestätte, auf seinem unerwartet schlichten Grabstein steht: »Man kann ja nie wissen.«

Auf dem Engesohder Friedhof befindet sich neben den Grabstätten der wichtigsten hannoverschen Familien auch die des ersten Motorfliegers der Welt: Karl Jatho.

# 44

**Siedlung Döhrener Jammer**
Startpunkt Erkundung:
Hildesheimer Straße
30519 Hannover

**Pförtnerhaus der WW&K**
Am Uhrturm 2
30519 Hannover

# VOM JAMMER ZU BULLERBÜ

## Siedlung Döhrener Jammer

Vor 150 Jahren war die *WW&K*, die Döhrener Wollwäscherei und -kämmerei die zweitgrößte Fabrik dieser Art in Deutschland. Die Wolle wurde mit eigenen Lokomotiven, der Wollebahn, auf das Fabrikgelände gebracht und 2.000 Arbeitskräfte mussten die täglich ankommenden 100.000 Kilogramm Wolle reinigen. Kein Wunder, dass neben ausgedehnten Fabrikstätten auch viele Wohnungen für die dort beschäftigten Arbeiter gebraucht wurden. Die führenden Kräfte wohnten in großen Backsteinhäusern an der Hildesheimer Straße. Je näher man dem Fabrikgelände kam, desto einfacher und kleiner wurden die Häuser. Diese Arbeitersiedlung hieß im Volksmund »Döhrener Jammer« – und das tat sie bestimmt nicht, weil es den aus dem Eichsfeld angeworbenen Arbeitskräften besonders gut ging.

1972 kam der wirtschaftliche Einbruch, an der einstigen Industriestätte kehrte Ruhe ein. Nur die eigentlich in Australien beheimateten Pflanzen, die als Sporen an der Wolle hafteten, wuchsen weiter. Dann erwarb die *Neue Heimat* das Gelände und es entstand ein neuer Stadtteil, die Döhrener Wolle. Dort, wo die Leine sich für einige 100 Meter teilt und eine natürliche Insel bildet, befinden sich heute die begehrtesten Wohnungen, ziemlich exklusiv (und teuer) wohnt man in idyllischem Grün mit eigenem Wehr und von der Leine umflossen.

Von den Fabrikgebäuden erhalten blieb das ehemalige Pförtner- und Feuerwehrhaus, heute ein Restaurant. Den Uhrturm am Haupteingang und den Widder – ein Denkmal auf dem ehemaligen Fabrikgelände – gibt es auch noch. Dank einer Bürgerinitiative wurde auch der Döhrener Jammer nicht abgerissen, sondern liebevoll restauriert. Heute sind die kleinen Reihenhäuser zwischen Aller- und Weserstraße die Schmuckstücke des Quartiers – eine kleine Backsteinwohnoase, die unter Denkmalschutz steht, und ein letztes lokales Zeugnis für diese Form einer Arbeitersiedlung.

Auf der anderen Seite der Leine erstreckt sich die Leinemasch: Landschaft so weit das Auge reicht, ein Naherholungsgebiet für Störche, Schwäne und – Döhrener.

45

**Expo-Dach und Hermesturm**
auf der
**Messe Hannover**
Messegelände
30521 Hannover
0511 890
www.messe.de

**Park der Sinne**
Karlsruher Straße 101
30880 Laatzen

# KLEINES GELD FÜR GROSSES LOGO

## Expo-Dach und Hermesturm auf dem Messegelände

Viele Hannoveraner bedauern, dass ein Großereignis wie die *Expo 2000* nicht jedes Jahr stattfindet, aber es gibt auch genügend andere, die bemängeln, dass die Weltausstellung nicht wirklich nachhaltig war. Ein Problem ist sicher, dass die *Expo* nun mal hauptsächlich auf dem hannoverschen Messegelände stattfand, am Rande der Stadt und damit abgehängt vom Alltag. Aber zumindest die Besucher der vielen Messen können sich jetzt von einem Beispiel für Zimmermannskunst beeindrucken lassen, das seinesgleichen sucht: Das *Expo*-Dach stellt eines der größten Holzbauwerke der Welt dar! Gebaut als Regenschutz überdacht die gewaltige Konstruktion einen zentralen Platz zwischen den Messehallen, der Blick nach oben zeigt zehn einzelne Schirme aus Fichtenholz, die in einem Stahlknoten zusammengeführt sind, und vermittelt eindrücklich das Leitthema der *Expo:* »Mensch, Natur, Technik«.

Ein Stück weiter ragt der 74 Meter hohe Hermesturm in den Himmel und erinnert an die Export-Messe von 1947, als der stilisierte Kopf des Götterboten Hermes erstmals zum Logo der späteren Hannover Messe erklärt wurde. Übrigens soll der verantwortliche Grafiker Paul Rademacher mit einem einmaligen Honorar von 1.630 Reichsmark entlohnt worden sein, das entsprach dem Schwarzmarktpreis von drei Pfund Butter. Die ursprüngliche Industriemesse aber wuchs und wuchs – das Gelände mit seinen 26 Hallen ist mittlerweile das größte Messegelände der Welt.

Die *Expo*-Seilbahn ist leider wieder abgebaut, aber dafür gelangt man inzwischen über den sogenannten *Skywalk*, eine silbrige Rollsteig-Röhre, von den südlichen Parkplätzen auf das Gelände. Während der *Expo* war der Rollsteig nicht in Betrieb, böse Zungen behaupten immer noch, man hätte schlicht und einfach die Kassenhäuschen vergessen gehabt.

Unweit vom Messegelände befindet sich der *Park der Sinne.* Luft, Wasser, Feuer, Erde: Die vier Elemente kann man an verschiedenen Stationen erleben.

# 46

**Ricklinger Masch**
hinter dem
**Ricklinger Deich**
Düsternstraße
30459 Hannover
Deichgrafen-Collegium
Ricklingen: 0151 41214190
www.ricklinger-deich.de

**Edelhofkapelle**
Am Edelhofe 8
30459 Hannover

# EIN DEICH MITTEN IN DER STADT

## Ricklinger Deich und Masch

Ganz Ricklingen und weite Teile Hannovers unter Wasser, Großalarm für die Polizei, und das nur, weil Anfang des Jahres 1946 nach einer Frostperiode ungewöhnlich hohe Niederschläge einsetzten. Die Hannoveraner waren ja schon daran gewöhnt, dass die Leine über die Ufer trat, aber so hoch stand das Wasser noch nie. Und ein Jahr später das Gleiche noch einmal, nun reichte es den Ricklingern, ein Deich wurde geplant, gebaut und 1953 eingeweiht. Das Baumaterial – 70.000 Kubikmeter – war der Schutt, den die Zerstörung durch den Krieg hinterlassen hatte. Von da an durften sowohl die Leine als auch die Ihme im Frühjahr zu reißenden Strömen anschwellen (wobei die Ihme im Ricklinger Abschnitt liebevoll »Beeke« genannt wird, »kleines Flüsschen«), Hannover war gewappnet.

Der Deich hat ein offen stehendes Tor, das nur bei Hochwasser geschlossen wird. Vor dem Deich liegt Alt-Ricklingen mit den bäuerlichen Überresten des ehemaligen Dorfes. Im alten Dorfkern steht neben den schön restaurierten Bauernhäusern die Edelhofkapelle aus dem 14. Jahrhundert – das im romanischen Stil erbaute Sandsteingebäude ist einer der beliebtesten Plätze, um sich das Ja-Wort zu geben –, anschließend kann man im *Paradies-Provence* die Hochzeit feiern.

Hinter dem Deich liegt die Ricklinger Masch mit Wiesen und Weiden und den Ricklinger Kiesteichen. Die drei Teiche gehören zur südlichen Leineaue und sind im Sommer beliebtes Badeparadies der Hannoveraner, frei zugänglich, unbewacht und kostenlos. Einer davon, der Sieben-Meter-Teich, ist als FKK-Gelände ausgewiesen und Nacktbaden nicht nur möglich, sondern erwünscht. Es gibt zwar einen optischen Sichtschutz aus Bäumen und Sträuchern, trotzdem kommt es auf dem Südschnellweg, der dort über die Teiche geführt wird, doch mal zu Auffahrunfällen: Wenn schöne Hannoveranerinnen die Autofahrer ablenken!

Im Ricklinger Bad, angeschlossen an den großen Teich, hat man beim Schwimmen die Wahl zwischen dem kühlen See oder dem angenehmen 22-Grad-Becken (www.ricklinger-bad.de).

47

**Barkarole**
Konkordiastraße 8
Ecke Rampenstraße
30449 Hannover
0511 448752
www.barkarole.de

# KULT ODER KITSCH?

## Kneipe Barkarole

Linden »jenseits« der Fössestraße war lange Zeit wenig geliebtes Stiefkind, das (Lindener) Leben spielte sich eher um die Limmerstraße herum ab, eine eiserne Fußgängerbrücke führte über stillgelegte Gleise ins wenig attraktive Viertel. Die Fußgängerbrücke ist verschwunden, wo die Gleise lagen, befindet sich eine Grünanlage – nur die *Barkarole* ist immer noch an ihrem angestammten Platz an der Ecke Rampen- und Konkordiastraße. Ein zugemauertes Fenster und zwei einsame Stehtische zwischen Kopfsteinpflaster und Hauswand vermitteln kaum den Eindruck, dass hier eine echte Institution zu finden ist. Und doch war die *Barkarole* über 40 Jahre die älteste Kneipe der hannoverschen Gay-Szene – und eingelassen wurde nur, wer »Carolas« Blicktest durch das Guckloch in der Tür bestand.

Der Wirt war der hannoversche Travestie-Künstler Karl-Heinz Zech, der Kneipenname eine Kombination aus Zechs Künstlernamen Carola und der Bezeichnung für venezianische Gondellieder, deren wiegende Melodieführung an eine Barke im Wasser erinnert. Nach Zechs Tod wurde die Kneipe 2010 als kultige »Schlagerkneipe für junge Leute« wiedereröffnet, an der Einrichtung hat sich kaum etwas geändert, nach wie vor dominieren die Farben Rot und Rosa und Zechs Sammlung von alten Uhren, Kannen und anderem Krimskrams, vor allem aber die Fotos von den »Herren Damen« schaffen eine Atmosphäre, welche die neuen Besitzer mit einer »typischen Hamburger Kiez-Kneipe oder einer Porno-Bar aus den 1970er-Jahren« vergleichen. Das (nicht unbedingt junge) Publikum weiß es zu schätzen, unwillkürlich fühlt man sich an den Text der kleinen Barcarole aus *Hoffmanns Erzählungen* von Jacques Offenbach erinnert: »Schöne Nacht, du Liebesnacht, o stille mein Verlangen …«

Und eigentlich ist es dann auch völlig egal, ob die Kneipe nun Kult oder Kitsch ist, man muss ganz einfach mal da gewesen sein.

Die *Barkarole* ist eine Reise zurück in eine Zeit, in der noch nach Herzenslust geraucht werden durfte. Klar, dass die *Barkarole* auch jetzt eine Raucherbar ist.

48

Die *Nachtbarden* vor dem
**Theater am Küchengarten**
Am Küchengarten 3–5
30449 Hannover
0511 445562
www.tak-hannover.de

**Restaurant 11A**
Am Küchengarten 11a
30449 Hannover
0511 5901111
www.11a-restaurant.de

# Kabarett im Wannenbad

## Theater am Küchengarten

Eigentlich hat alles mit einem privaten Wohnzimmer begonnen. Und mit einem städtischen Wannenbad. Das Wannenbad war am Küchengarten in Linden Nord, das Wohnzimmer im Hause eines gewissen Dietrich Kittner, der 1975 gerade beim Ordnungsamt Hannover einen Gewerbebetrieb angemeldet hatte – »zur Herstellung politischer Satire«.

Mehr als 40 Jahre war Kittner (1935 – 2013) einer der streitlustigsten Spötter und Politaktivisten des Landes, seine bis zu vierstündigen Silvestervorstellungen waren in Hannover jahrelang Kult. Irgendwann reichte dann die Spielstätte im heimischen Wohnzimmer nicht mehr aus, man zog um ins ehemalige Wannenbad. Sechs Jahre lang, 1987–1993, spielte Kittner im *Theater am Küchengarten* (TAK), die Vorstellungen waren durchgängig ausverkauft, vielleicht auch, weil der Kabarettist quasi »Fernsehverbot« hatte, man ihn also nur live erleben konnte. 2007 zog sich Kittner aus dem TAK zurück, heute wird die Bühne von Jan-Hendrik Schmitz geleitet. Im hinteren Bereich des Zuschauerraums gibt es immer noch die Reihen mit den aus Kittners Zeiten stammenden, mit rotem Samt bezogenen Kinosesseln, weiter vorne verbreiten Tische und Stühle Varieté-Atmosphäre, im Rauchergang erinnern die Wandfliesen und zwei erhaltene Baderäume an die Vergangenheit.

Gezeigt wird ein anspruchsvolles Programm zwischen Kabarett und Comedy. Einmal im Monat treten die *Nachtbarden* auf, »Hannovers skurrilste Lesebühne« um den Lindener Textschmied Kersten Flenter und Hannovers Poetry-Slammer-Nummer eins Tobi Kunze.

Hannover pur gibt es dann noch einmal, wenn man nach Vorstellungsschluss wieder auf den Küchengarten tritt: Bedrohlich erhebt sich die Kulisse des Ihme-Zentrums, in Beton gegossene Bausünde und Pleiteobjekt zugleich, daneben ragen die nachts rot, blau und lila angestrahlten Schlote des Heizkraftwerks in den Himmel.

Vor der Vorstellung kann man im *Restaurant 11 a* – gleich gegenüber des TAKs – in Strandkörben sitzen und noch eine leckere Kleinigkeit essen.

# 49

**Limmerstraße**
in Linden
30451 Hannover

# MEDITATIVES LUNGERN IN LINDEN

Limmerstraße

Die Limmerstraße ist nicht nur die semi-schmuddelige zwischen Hippness und Prekariat, Multikulti und Ökotum changierende Einkaufsstraße Linden-Nords. Vor allem ist sie das Outdoor-Wohnzimmer der Lindener, eine Art lang gezogene Piazza. Kaum werden die Temperaturen auch nur annähernd frühlingshaft, sitzen der Lindener und die Lindenerin draußen. Und das nicht nur in den Straßencafés beim Klischee-Latte, nein, man sitzt überall: auf Bänken und Fensterbänken, auf Treppchen und Mauervorsprüngen, zur Not auch auf der Straße.

Beim »Limmern«, wie dieses schichtenübergreifende Herumlungern auf der Limmerstraße genannt wird, kann man vieles tun: Flaschenbier trinken, Eis oder Döner essen, Musik hören, Musik machen oder sich einfach darüber freuen, dass man genau zu diesem Zeitpunkt an just diesem Ort ist. Zufrieden sieht man das Lindener Panoptikum an sich vorüberziehen und bestaunt die unerwartete Vielfältigkeit Hannovers. Man bewundert großflächige, freskenartige Tätowierungen, gewagte Piercing-Experimente, erwachsene Männer in überdimensionalen Tretautos mit Hunden auf dem Beifahrersitz, Jesus-Doppelgänger, seidenglänzende Jogginganzugskollektionen, gigantische Walrossschnauzbärte, Afro-Mikrofonfrisuren und kuriose Kopfbedeckungen zwischen Religiosität und Exzentrik. Man kann auch diversen Selbstgesprächen in teils nichtexistenten Sprachen lauschen oder die Auswirkungen von illegalen Substanzen auf das Gastronomie-Servicepersonal bestaunen. So wartet man mitunter schon einmal eine halbe Stunde auf sein Heißgetränk oder muss es dreimal bestellen, weil man von der selig grinsenden männlichen Bedienung dreimal freundlich gefragt wird, ob man schon bestellt habe.

Kurzum, die Limmerstraße ist die perfekte Illustration zu Rio Reisers Bonmot: »Ich bin anders, weil ich wie alle bin und weil alle anders sind.«

»Limmern« – an einem lauen Sommerabend eine Flasche Herrenhäuser (»Herri«) kaufen, hinsetzen und den lieben Gott einen guten Lindener sein lassen.

# 50

**Apollokino**
Limmerstraße 50
30451 Hannover
0511 452438
www.apollokino.de

**DESiMOs Spezial Club**
Detlef Simon
Limmerstraße 50
30451 Hannover
www.spezialclub.de

# HINTERHOF-KINO ALS TRENDSETTER

## Apollokino

Fast am Ende der Fußgängerzone findet sich in der Limmerstraße das Apollokino, Hannovers einziges noch vorhandenes Hinterhofkino, wobei die Bezeichnung »Hinterhofkino« der wechselnden Geschichte des Lichtspielhauses kaum gerecht werden kann. Bereits 1908 in einem ehemaligen Tanzsaal gegründet, wurden zunächst mit 300 Sitz- und Stehplätzen (!) am Klavier begleitete Stummfilme gezeigt, Anfang der 1930er-Jahre kam der Wechsel zum Tonfilm. Nach einem Bombentreffer im Zweiten Weltkrieg wurde der Betrieb eingestellt, 1945 dann mit dem Film *Akrobat schööön* von Wolfgang Staudte wiedereröffnet. In der Folge gab es dann vor allem amerikanische Produktionen zu sehen. Mit der Verbreitung des Fernsehens in den 1960er- und 1970er-Jahren begann die Zeit des großen Kinosterbens, auch das Apollo geriet zunehmend in Schwierigkeiten.

Aber dann fragte ein Student des Filmclubs der Hochschule Hannover, ob er vielleicht Filmvorschläge machen dürfte – der damalige Leiter des Kinos, Henk ter Horst, sagte zu und Hans-Joachim Flebbe »erfand« eines der ersten deutschen Programmkinos. Das vor allem studentische Publikum schaute im raschen Wechsel Filme von Buñuel, Chabrol, Truffaut, Fellini, Pasolini. Innerhalb eines Jahres stieg die Zahl der Kinobesucher von 25.000 auf 135.000, Flebbe selbst machte eine beispiellose Karriere vom Kartenabreißer zum Kino-Tycoon, als er später die Cinemaxx-Kette gründete.

1981 zerstörte ein Feuer das Kino, Ursache des Brandes war eine achtlos weggeworfene Zigarettenkippe. Das Kino wurde vollständig restauriert, der alte Stuck an der Decke wieder freigelegt, die Bestuhlung bequemer, die Ton- und Projektionstechnik auf einen zeitgemäßen Standard gebracht, bereits zwei Monate später konnte man die Neueröffnung feiern – bezeichnenderweise mit der Kifferkomödie *Viel Rauch um Nichts*.

Heute hat das Kino knapp über 200 Sitzplätze und ist auch Veranstaltungsort des Kleinkunstprogramms *Lindener Spezial Club* des hannoverschen Zauberkünstlers Desimo.

51

**Kulturzentrum Faust**
Zur Bettfedernfabrik 3
30451 Hannover
0511 455001
www.kulturzentrum-faust.de

**Tango Milieu**
Zur Bettfedernfabrik 1
D-30451 Hannover
0511 440202
www.tango-milieu.de

# VON BETTFEDERN UND TANGO

## Kulturzentrum Faust

Fast genau 100 Jahre lang wurden in der ehemaligen Arbeiterstadt Linden am Ufer der Ihme Bettfedern gewaschen, in der Bettfedernfabrik *Werner & Ehlers.* Und während die früher eigenständige Stadt Linden zu einem bunten Viertel Hannovers wurde, sank die Nachfrage nach gewaschenen Daunen aufgrund synthetischer Waren. Die Fabrik stellte 1990 den Betrieb ein, die Anlagen wurden verkauft, das alte Fabrikgelände aber neu belebt: Durch die Bürgerinitiative und den *Verein Faust e. V.* entstand ein soziokulturelles Stadtteilzentrum. Heute treffen sich hier Menschen verschiedener Herkunft und Generationen, Initiativen und Vereine, Gewerbetreibende und Künstler. 6.300 Quadratmeter mit vielseitig nutzbarer Infrastruktur für Kunst, Kultur, Bildung und Soziales. Von allen Nichtaktiven aber wird die *Faust* vor allem als Veranstaltungsort geschätzt – das alternative Gelände ist auch für Nicht-Hannoveraner reizvoll.

In der ehemaligen Warenannahme zieht der Dichterwettstreit *Macht Worte!* literaturbegeisterte Gäste an: Dabei treten Nachwuchsdichter wie renommierte Autoren mit neuen Texten gegeneinander an, ergänzt wird der Wettstreit durch die Slam-Lesebühne *Die Literaturensöhne.* Die 1960er-Jahre-Halle ist die große Schwester der Warenannahme. Partys, Disco, Live-Konzerte – für alle, die Musik hautnah erleben oder das Tanzbein schwingen wollen, ist die Halle ein sympathischer Ort.

Dann befindet sich auf dem Gelände noch die Kunsthalle, die zu internationalen Begegnungen junger Künstler und Ausstellungen einlädt. Abgerundet wird das Angebot mit dem allseits beliebten Biergarten *Gretchen*.

Und wer einmal zum »alternativen« 1. Mai auf dem *Faust*-Gelände war, wird angesichts des bunten, chaotisch-liebenswerten Treibens leicht an Kopenhagens selbstverwalteten Stadtteil Christiania erinnert, wenn auch die Haschischwolken in Hannover deutlich dünner sind.

Unter den über 25 Vereinen auf der *Faust* befindet sich auch das *Tango Milieu* – wie wäre es also mal mit einer Tangonacht im Tango-Herz Lindens?

52

**Kneipe ... *und der böse Wolf***
Heesestraße 1
30449 Hannover
0511 453834
www.undderboesewolf.de

**Lindener Wochenmarkt**
(dienstags und samstags)
Lindener Markplatz
30449 Hannover
www.hannover.de

# ES GEHT AUCH OHNE ROTKÄPPCHEN

## Kneipe ... *und der böse Wolf*

Die gute Nachricht für Raucher ist, dass der Raucherbereich im ... *und der böse Wolf* den deutlich größeren Raum in der Kneipe nicht weit vom Lindener Marktplatz einnimmt – die gute Nachricht für alle anderen, dass hier ein thailändisches Fünfer-Team jeden Abend bis 23 Uhr über 50 exotische Gerichte zaubert, von gebackener Ente in Kokosmilch bis zu gebratenem Tintenfisch mit Bambussprossen. Qualitativ hochwertige (Thai-)Küche für akzeptable Preise ist ganz sicher schon mal eine Ausnahme in der hannoverschen Kneipenlandschaft, hinzu kommen der Krökeltisch (»Krökeln« ist hannöversch für Tischfußball) und ein Stammpublikum, das sich aus Hannover-96-Fans und -Spielern, Rockmusik-Begeisterten und Antifa-Mitgliedern zusammensetzt – die Kritik eines zufälligen Gastes aus Braunschweig bringt es auf den Punkt: »Da kann man erleben, was es bedeutet, mit echten Hannoveranern zu tun zu haben – abgehoben, arrogant und respektlos.«

Vielleicht wirkt die mit Fotos, Wimpeln, Schals und anderen Accessoires demonstrierte Vorliebe für den schwarz-weiß-grünen Fußballverein ein bisschen zu lokalpatriotisch, dennoch ist der »Wolf« – wie der Insider sagt – ein absolutes Muss unter den Kneipen, eine ehrliche linke Lindener Kneipe.

Bleibt nur noch die Frage, was nun eigentlich mit Rotkäppchen passiert ist, und die Antwort ist eine typisch hannöversche, Verzeihung, Lindener (!) Anekdote: Das Gastwirts-Ehepaar hat sich nämlich in einer Kneipe auf der Limmerstraße kennengelernt, und diese Kneipe hieß Rotkäppchen. Aber dann musste das Rotkäppchen schließen, und irgendwie musste Ersatz her, ganz nach dem Motto: »Hilf dir selbst, sonst hilft dir niemand.« Die naheliegende Lösung war also, eine eigene Gastronomie zu eröffnen, mit einem Namen, der gleichzeitig die Erinnerung an früher und die konsequente Fortsetzung verdeutlichte.

Besuchen Sie den Lindener Markt, es gibt ihn immerhin schon seit 1883, das Angebot ist ein wenig anders als dazumal, dafür vielfältig und den »internationalen Lindenern« entsprechend oft bio.

# 58

**Lindener Berg**
Startpunkt Erkundung:
**Volkssternwarte Geschwister Herschel Hannover e.V.**
Am Lindener Berge 27
30449 Hannover
0511 456290
www.sternwarte-hannover.de

**Biergarten Lindener Turm**
Am Lindener Berge 29a
30449 Hannover
0511 76355251
www.lindener-turm.de

# VON WEISS ZU GRÜN

## Lindener Berg

In dem nicht gerade hügeligen Areal, auf dem Hannover liegt, gibt es nur ein paar kleine Erhebungen. Sie Berge zu nennen ist eine Übertreibung, die eigentlich gar nicht zu den zurückhaltenden Bewohnern Hannovers passt. Der Lindener Berg zum Beispiel ragt gerade einmal 89 Meter über den Meeresspiegel und 35 Meter über den Stadtteil Linden – dennoch ist er Hannovers höchste Erhebung und wird liebevoll als »Lindener Alpen« bezeichnet.

Vor 200 Jahren hatte der hannoversche Unternehmer Johann Egestorff hier auf dem Berg seinen Besitz und so rauchten in einer eher öden Steinbruchlandschaft die Kalköfen, mit denen die industrielle Entwicklung des damals noch eigenständigen Ortes Linden begann.

Heute ist der Berg längst grün und lockt mit ein paar sehenswerten Ausflugszielen. Das fängt mit der barocken Gartenanlage des Von-Alten-Parks an, und geht weiter mit dem Wasserhochbehälter, der, 1878 gebaut, nach einer umfangreichen Sanierung immer noch für die Wasserversorgung Hannovers im Dienst steht. Auf seinem Dach befinden sich die Teleskope der Volkssternwarte. Sie wird von einem Verein betrieben und bietet seit 1968 für mehr als 1.000 Amateurastronomen im Jahr den genauesten Blick auf die Sterne am Himmel von Hannover. Gegenüber ist der Jazz Club, geht man um den Wasserbehälter herum, gelangt man zum Lindener Turmgarten. Der Turm, der ihm seinen Namen gibt, ist ein alter Wehrturm von 1392, gegen den auch Generalfeldmarschall Tilly im Dreißigjährigen Krieg vergeblich anrannte. 1651 baute man den Turm zu einer Mühle um. Der Turm trotzte der Zerstörung im Zweiten Weltkrieg und ist heute das Kernstück eines neuen »strategischen« Punktes, nämlich der Turmwirtschaft Lindener Turm. Hinter dem Biergarten beginnt der Abstieg durch ausgedehnte Kleingärten zum Bergfriedhof, der unter Denkmalschutz steht.

Am schönsten ist es Ende März, Anfang April, wenn den Lindener Bergfriedhof die blauen Scilla-Blüten bedecken und das Scilla-Fest gefeiert wird.

54

**Jazz Club Hannover**
Am Lindener Berge 38
30449 Hannover
0511 454455
www.jazz-club.de

# Qualität auf höchster Ebene

## Jazz Club

Der Lindener Berg hält auf dem Gipfel eine echte Attraktion bereit – seit 1960 ist dort der Jazz Club beheimatet, acht Stufen unter der Erde, eng und verwinkelt und mit grell-orangefarbenen Wänden. Dass Hannover mit diesem Keller zu den Top Ten der Jazzclubs weltweit gehört, ist vor allem Mike Gehrke zu verdanken, der den Club von 1968 bis 2004 mit Leib und Seele leitete. Er holte Count Basie, Duke Ellington, Lionel Hampton, Pat Metheny, Jan Garbarek und andere Größen nach Hannover.

Gehrke war Hannovers Stadtimagepfleger und als »Mr. Jazz« auch Organisator des Festivals *Swinging Hannover*, immer am Himmelfahrtstag vor dem Neuen Rathaus. New Orleans ernannte Gehrke zum Ehrenbürger, nach seinem Tod kamen 5.000 Trauernde zu einer fröhlichen *Funeral Parade* und *Jam Session* zu seinen Ehren zusammen. Auf der telefonischen Warteschleife der Stadt Hannover kann man immer noch Mike Gehrkes sonore Stimme hören, selbstverständlich zweisprachig: »Bitte warten Sie. Please hold the line.« Und aus einem Kanalgully mitten auf der Bahnhofstraße erklingt manchmal auch Dixieland Jazz, eine Installation, die der Stadtimagepfleger nach einer Idee von Reinhard Schamuhn (Erfinder des hannoverschen Flohmarkts) realisiert hat.

Der Jazz Club bietet nach wie vor ein exzellentes Musikprogramm, breit gefächert von der Avantgarde zum traditionellen Jazz, die Großen der Welt neben lokalen Talenten. Vor allem aber ist es die Atmosphäre dieses außergewöhnlichen Ortes, zu dem auch die unverwechselbaren orangefarbenen Wände gehören, die als Erinnerung an die »modernen Zeiten« der frühen 1970er-Jahre nun einfach mal so sein müssen, wie sie sind – orange eben. Wie auch der kleine (natürlich orangefarbene) Aufkleber, mit dem manche Autobesitzer in Hannover sich als treue Fans des Jazz Clubs outen.

Machen Sie einen Besuch im Jazz Club und erleben Sie »face to face« die Legenden des Jazz – in Mike Gehrkes Worten: Topp, die Verabredung gilt.

55

**Alter Jüdischer Friedhof**
Zwischen Oberstraße und
Am Judenkirchhof
30167 Hannover

Führungen:
**Stattreisen Hannover e. V.**
Beth-Olam – Haus der
Ewigkeit
Escherstraße 22
30159 Hannover
0511 1694166
www.stattreisen-
hannover.de

## EINE DÜNE IN DER EBENE

### Alter Jüdischer Friedhof

Hannover liegt zwar nicht am Meer, trotzdem gab es hier bis vor wenigen hundert Jahren eine Reihe von Sanddünen, die die Eiszeit und der Wind zusammengetragen hatten. Eine einzige ist in ihrer charakteristischen Form erhalten geblieben. Auf ihr liegt seit Mitte des 16. Jahrhunderts der alte jüdische Friedhof von Hannover. Das ist auch der Grund, warum es die Düne noch gibt, denn vor 350 Jahren hatte Welfenherzog Johann Friedrich denjenigen eine scharfe Strafe angedroht, die durch Sandabtragen die Totenruhe stören würden: »Der Juden Grabstadt und Schutzstein mit Verwahrung wer in künften dieselbe fiolieren oder mit Abführung des Sandes turbiren wirdt das derselbe ... in scharffer Straffe verfallen sein.« So steht es immer noch auf dem Schutzstein an der Ostseite der Friedhofsmauer. Die umliegenden Sandhügel dienten tatsächlich als Baumaterial und wurden »per Hand« der norddeutschen Tiefebene angeglichen.

Die jüdische Gemeinde hatte also gewissermaßen auf Sand gebaut, und um die Fuhrleute, die sich nicht viel um die Anordnung des Welfenherzogs kümmerten, vom heimlichen Abtragen des benötigten Baumaterials abzuhalten, wurde 1740 eine Mauer um den Friedhof gezogen. Als dann auch noch der Platz auf der Grabstätte enger wurde, schichtete man Sand auf und bestattete die Toten übereinander. Der jüdische Glaube nämlich verbietet die Umbettung von Särgen. 1846 aber wurde es nun wirklich zu eng und man legte einen neuen Friedhof *An der Strangriede* an.

Zwei Weltkriege und die Zeit des Nationalsozialismus überstand der alte Friedhof dann ohne tief greifende Folgen – die Nationalsozialisten benannten zwar die Straße um, aber mehr passierte nicht. Und so ist die Begräbnisstätte mit 700 erhaltenen Grabsteinen eine der ältesten in Deutschland. Grabstein 304 ist im Übrigen der von Heymann Heine, gestorben 1780, dem Großvater von Heinrich Heine.

Der Friedhof ist allein im Rahmen von Führungen zugänglich. Der Rundgang führt über den verwunschenen Hügel mit den dicht an dicht stehenden Grabsteinen.

**Holzmarktbrunnen vor dem Leibnizhaus**
Mit dem »Union Jack« warb man auf Litfaßsäulen für eine Jubiläumsausstellung zur Personalunion

OON!
COMING SOON
J. H. BAUER

56

**Onkel Ollis Kiosk**
An der Lutherkirche 10
30167 Hannover
0511 21908175

# HANNOVERS BERÜHMTESTER »SPÄTI«

## Onkel Ollis Kiosk

Angeblich soll Hannover ja sogar weltweit die Stadt mit der größten Kioskdichte sein – und verdankt diesen Ruf zweifellos dem 1921 in Hannover geborenen Carl-Günther Nebgen, der in den 1970er-Jahren sage und schreibe 80 »Nebgen-Buden« im Stadtgebiet betrieb, Rettungsanker für den schnellen (Getränke-)Einkauf, lange bevor die Tankstellen-Shops bei nächtlichen Versorgungsengpässen aushelfen konnten. Die Tankstellen mögen einer der Gründe gewesen sein, dass Nebgen 1987 Konkurs anmelden musste, Kioske ersetzten jedoch die nicht mehr existierenden Tante-Emma-Läden – und einen Kiosk ganz besonderer Art führt Marc Oliver Schrank, kurz Olli genannt, im zunehmend hip gewordenen Quartier rund um die Lutherkirche in der Nordstadt.

Über 200 teilweise exotische Biersorten hat Olli im Angebot, hinzu kommen ausgewählte Weine und rund 100 verschiedene Brausen sowie – neben den obligatorischen bunten Tüten – eine verblüffende Auswahl an vegetarischen und veganen Lebensmitteln, konsequenterweise gibt es also auch keine echte Wurst und kein Fleisch.

Zum Kultkiosk aber ist Ollis Bude vor allem durch den Besitzer selbst geworden, der täglich »so ungefähr« von 13 Uhr bis nach Mitternacht auch für die laienpsychologische Tages- und Abendbetreuung seiner Stammkunden zur Verfügung steht, auch zu Weihnachten und Silvester. Nur am Neujahrstag ist geschlossen, »da wollen die Leute komischerweise kein Bier trinken«.

Rund 300 Kunden kommen seit 2009 täglich vorbei, manchmal auch einfach nur, um einen Schwatz zu halten und Neuigkeiten aus dem Viertel auszutauschen; der kleine Laden ist bis in den letzten Winkel vollgestopft, an der Tür weht eine Piratenfahne im Wind, über dem Schaufenster lockt eine alte Kinoanzeigetafel mit wechselnden Sprüchen wie: »Wir brauchen keine Coca Cola, wir haben Rübenlimonade! Walter Ulbricht.«

Versorgen Sie sich und Ihre Familie für die nächsten Wochen unbedingt ausreichend mit dem neuen Bier der Genossenschaft *Nordstadt braut.* Wo zu erhalten? – Natürlich bei Olli.

# 57

**Gaststätte Kaiser**
Schaufelder Straße 27
30167 Hannover
0511 164900
www.gaststaette-kaiser.de

**Kino im Sprengel**
Klaus-Müller-Kilian-Weg 1
30167 Hannover
0511 703814
www.kino-im-sprengel.de

# FÜR KOLLEKTIVE ESSER

## Gaststätte Kaiser

Fragt man einen echten Hannoveraner nach dem *Kaiser*, kommt ohne zu Zögern die Antwort: »Bratkartoffel-Kneipe in der Nordstadt«. Und das beschreibt es eigentlich auch schon ganz gut – eine hannöversche Traditionskneipe, genauso alt wie Hannover 96, mit gutbürgerlicher deutscher Küche von Currywurst und Riesenschnitzel bis Sülze mit Bratkartoffeln.

Die Familie Kaiser gründete das Lokal und führte es 74 Jahre lang, 1970 wechselte zum ersten Mal der Besitzer, 2008 hat Zurab Mikava die »Wirtschaft« mit dem zusammengewürfelten Mobiliar und dem ebenso bunt gemischten Publikum übernommen: 80 bis 100 Leute haben hier Platz, das Lokal ist Treffpunkt mehrerer Bürgerinitiativen und Vereine, auch Hannovers Mah-Jongg-Club hat hier sein Domizil. Studenten und Professoren der nahe gelegenen Uni schätzen die Kneipe ebenso wie Lokalpolitiker, Kneipenphilosophen und – Punks!

Apropos Punks: Gleich um die Ecke vom Kaiser tobten in den 80er- und 1990er-Jahren die »Chaostage«, die sich gegen die geplante Punker-Kartei richteten und zu regelrechten Straßenschlachten mit der Polizei führten. Und 1987 wurden in der Nähe auch die leer stehenden Räumlichkeiten der ehemaligen Schokoladenfabrik Sprengel besetzt – heute leben noch rund 50 Bewohner völlig legal auf dem Sprengel-Gelände. Ein stadt- und kulturhistorischer Verdauungsspaziergang sollte also von den üppigen Portionen des Kaisers direkt zu dem Haus führen, das früher einen orangenen Bienenkorb im Firmensignet trug und heute einen schwarzen Stern und die Aufschrift: »Die Revolution ist großartig, alles andere ist Quark.« Das Gelände hat mittlerweile eine eigene Infrastruktur mit Kino und Kneipe, die Nachbarn haben sich längst an den etwas anderen Lebensstil der Bewohner gewöhnt. Und so wie das Kaiser eine feste Institution war, ist und bleiben wird, gehört auch das Sprengel-Gelände zu diesem Stadtteil, der gerade auf dem besten Weg ist, sich zum neuen In-Viertel zu entwickeln.

Vor den Bratkartoffeln ins *Kino im Sprengel:* ohne Werbung unkonventionelles, »sperriges« Kino von klassischer über dokumentarische bis zu experimenteller Filmkunst.

# DIE KÖNIGE VOM KARTOFFELESSERLAND

## Die Personalunion 1714 bis 1837

Die Pfade der Geschichte sind manchmal verworren und wenig vorhersehbar – und so verfügte das englische Parlament 1701 im *Act of Settlement*, einer Urkunde zur Thronfolgeregelung, dass nur die protestantischen Abkömmlinge aus der Familie Williams III. und seiner Frau Maria den Thron besteigen durften. Hintergrund war, dass die Engländer auf keinen Fall die katholischen Stuarts als Könige haben wollten. Und da gab es nur Sophie, Kurfürstin von Hannover, die diesen dynastischen und konfessionellen Ansprüchen genügte. Aber Sophie war schon im fortgeschrittenen Alter und starb, noch bevor auch die amtierende Königin Anne in London das Zeitliche segnete. Nutznießer und erster Hannover-König auf Englands Thron wurde somit 1714 ihr Sohn Georg Ludwig.

Die Herrschaft der Hannoveraner dauerte immerhin 123 Jahre, bis 1837, obwohl die Engländer die »Georges« recht bald als nicht nur glücklose, sondern auch mehr oder weniger tumbe Herrscher erkannten, die dem Vorurteil, das ihrer Herkunft aus dem »Kartoffelesserland« anhaftete, vollauf entsprachen.

Zwar wurde Georg I. bei seiner Ankunft noch jubelnd begrüßt, aber die Euphorie hielt nicht lange an. Vielleicht lag es auch an seinen mehr als dürftigen Englischkenntnissen, dass er nie mit dem englischen Hofstaat warm wurde – und dieser nicht mit ihm! So oft es ging, flüchtete Georg also zurück ins Niedersächsische und jagte deutsche Hasen und Hirsche statt englische Füchse.

Sein Sohn und Nachfolger Georg II. parlierte zwar durchaus weltgewandt auf Englisch und Französisch, zog die Jagd – wenn auch auf englischem Boden – aber ebenfalls dem Regieren vor und überließ die Amtsgeschäfte lieber den Ministern und seiner Frau Caroline. Immerhin zwölf Mal besuchte er in seiner Regierungszeit noch Hannover, während dann Georg III. sich hier gar nicht mehr blicken ließ, sondern sich in England vehement in die Politik einmischte, indem er versuchte, die Macht und Entscheidungsbefugnisse des dortigen Parlaments zu beschneiden. Sympathien brachte ihm das weder dort noch hier ein, am Ende seines Lebens hörte er schließlich Stimmen und sprach lieber mit Verstorbenen als mit Ministern: Er starb taub, blind und unzurechnungsfähig.

Georg IV. setzte die glücklose Entwicklung durchaus konsequent mit allzu herrschaftlichen Neigungen fort – er war eitel, hielt sich eine Unzahl an Mätressen und liebte den Luxus, mit seinem Ableben hinterließ er dem englischen Volk nichts als ungute Erinnerungen und hohe Schulden.

Der nächste in der Königsfolge war sein Bruder William IV., reaktionär bis auf die Knochen und borniert genug, um sich nicht dafür einzusetzen, dass endlich die welfische Erbfolgeregelung an die von England angeglichen wurde – mit für Hannover fatalen Folgen! In England konnte die Königswürde sowohl an Männer als auch Frauen vergeben werden, in Hannover galt weiterhin das welfische Erbrecht, das Frauen grundsätzlich ausschloss. Und als nach Williams Tod eine Frau die Königswürde erhielt, war das dann somit auch das Ende der Personalunion – Victoria, Prinzessin von Kent, wurde Königin von England, in Hannover bestieg ihr Onkel, der Herzog von Cumberland, als König Ernst August I. den Thron. Dumm gelaufen für die Hannoveraner, die von der Verbindung mit dem englischen Weltreich vor allem wirtschaftlich profitiert hatten, und unter Victoria erlebte das Weltreich eine neue Blütezeit, von der Hannover nur träumen konnte.

Vielleicht wäre alles ganz anders gekommen, wenn Kurfürstin Sophie tatsächlich die Chance gehabt hätte, die Geschicke der beiden Länder zu lenken. Sophie hätte diese Rolle als selbstbewusste und geistvolle Herrscherin, die mit Politikern wie mit Künstlern und Philosophen debattierte, sicherlich perfekt ausgefüllt …

Im »Kartoffelesserland« gibt es diverse Spezialitäten, den berühmten Burgdorfer oder Nienburger Spargel zum Beispiel, zu genießen in Grauwinkels Schlossküche in der Alte Herrenhäuser Straße 3, direkt beim neu erbauten Schloss (schlosskueche-herrenhausen.de).

58

**Großer Garten (Herrenhäuser Gärten)**
Herrenhäuser Straße 4
30419 Hannover
0511 16834000
www.hannover.de/Herrenhausen

**Kleines Fest im Großen Garten**
Herrenhäuser Straße 3a
30419 Hannover
0511 16841222
www.kleinesfest-hannover.de

# DAS VERSAILLES DES NORDENS

## Großer Garten in den Herrenhäuser Gärten

Der Große Garten ist das historische Kernstück der Herrenhäuser Gärten. Die von einer Graft (einem Wassergraben) umschlossene Gartenfläche zählt zu den bedeutendsten Barockgärten in Europa – und war doch ursprünglich nichts weiter als ein Küchengarten!

Dieser wurde um 1665 unter Herzog Johann Friedrich von Calenberg zu einem Lustgarten nach italienischem Vorbild ausgebaut. Die Geschichte des Gartens ist eng mit dem Aufstieg der hannoverschen Linie der Welfen verbunden, Kurfürst Ernst August wollte ein Sommerschloss, das die kulturelle Bildung und finanzielle Potenz des Regenten widerspiegelte, mit seinem Tod übernahm Kurfürstin Sophie 1698 Herrenhausen als Witwensitz. Als Sophies Sohn Georg 1714 zum König von England und Hannover gekrönt wurde, nahm der Große Garten bereits eine Fläche von etwa 50 Hektar ein – und entsprach damit der Fläche der Altstadt von Hannover, in der sich damals über 7.000 Menschen in etwa 1.000 Häusern drängten!

Sehenswert ist neben dem Großen Parterre mit den aufwendigen Blumenrabatten und der Kaskade vor allem die Große Fontäne am Ende der Mittelachse, die über ein ausgeklügeltes Pumpensystem aus der Leine gespeist wird und bei Windstille immerhin über 80 Meter Höhe erreicht. Seit 2003 gibt es eine weitere Attraktion: Die verfallene dreiräumige Grotte aus dem 18. Jahrhundert wurde von der Künstlerin Niki de Saint Phalle mit Glas- und Spiegelornamenten neu gestaltet. Und mittlerweile gibt es neben der Orangerie und dem Galeriegebäude mit der sorgfältig restaurierten Illusionsmalerei auf Wänden und Decken auch wieder ein Schloss: Es steht an der Stelle des im Zweiten Weltkrieg niedergebrannten Sommerresidenz-Gebäudes, außen originalgetreu rekonstruiert, innen modernes Tagungs- und Ausstellungszentrum zu Leibniz und Hannover. Kritische Stimmen halten den Bau allerdings für teure Eitelkeit.

Einmal im Jahr findet an drei langen Wochenenden das Kleinkunst-Festival *Kleines Fest im Großen Garten* statt, mit Künstlern aus aller Welt!

# 59

**Gartentheater im Großen Garten (Herrenhäuser Gärten)**
Herrenhäuser Straße 4
30419 Hannover

# ALLES, WAS GLÄNZT, IST GOLD!

## Gartentheater im Großen Garten

Links der Hauptachse des Großen Gartens liegt das Gartentheater, das zu den wenigen noch bestehenden barocken Freilichttheatern zählt. Das Heckentheater entstand gegen Ende des 17. Jahrhunderts, im 18. Jahrhundert bot es den Rahmen für höfische Repräsentation – neben Ballett und Theateraufführungen war es auch der Ort für Staatsempfänge, Bälle und Maskeraden.

Die Bühne misst gewaltige 62 mal 58 Meter, verjüngt sich nach hinten und steigt leicht an. Die beidseitigen Hainbuchenhecken dienen gleichzeitig als Kulisse und Umkleidekabinen, ein Tunnel unter der Bühne ermöglicht Auftritte und Abgänge von rechts und links. Geprägt wird der Bühnenraum von 30 vergoldeten Figuren auf steinernen Sockeln, dank einer großzügigen Stiftung in den letzten Jahren aufwendig restauriert, gleich an der Rampe oberhalb des Orchestergrabens bilden zwei Borghesische Fechter das Bühnenportal, tanzende und musizierende Figuren aus dem Gefolge des Dionysos setzen die Skulpturenreihe nach hinten fort. Fast 1.000 Besucher fasst der Zuschauerraum, und da er wie ein Amphitheater gebaut ist, können alle gut sehen. Im Falle hannoverschen Niesels gibt es für die Zuschauer einfach Regencapes, nur wenn es zu heftig »pladdert«, wird die Aufführung ins Galeriegebäude verlegt.

Bis 2003 bespielte die Landesbühne Hannover das Gartentheater, beim jährlichen *Sommernachtstraum* ermöglichte die große Bühne sogar den Einsatz eines echten Pferdewagens, der aus dem Hintergrund auftauchte und mit einer eindrucksvollen Staubfahne direkt an der Rampe wendete.

Aber eigentlich geht es gar nicht so sehr darum, was auf der Bühne geboten wird – sondern es ist vor allem die einmalige Stimmung, wenn das Tageslicht langsam der Dämmerung weicht und die Theaterscheinwerfer die Bühne verzaubern, dann sind auch die Hecken lebendige Kulisse.

Egal, was gerade geboten wird, ein Abend im Gartentheater ist ein Erlebnis – und danach kann man noch durch den illuminierten Barockgarten schlendern.

# 60

Das historische Pumpenhaus der restaurierten **Wasserkunst**
Am Großen Garten 70
30167 Hannover

Auskunft:
**Infopavillon am Großen Garten**
Herrenhäuser Straße 3c
30419 Hannover
0511 16847743 bzw.
0511 16849325

# Kleinod hinter dem Südschnellweg

## Technikdenkmal *Wasserkunst* am Großen Garten

Am parallel zur Leine verlaufenden Ernst-August-Kanal, also »hinter« dem Großen Garten von Herrenhausen, findet sich eines der bedeutendsten Technikdenkmäler Europas: die *Wasserkunst*.

Mit der Anlage des Großen Gartens war bereits im 17. Jahrhundert das Problem entstanden, die zahlreichen Wasserspiele auch mit ausreichend Wasser zu versorgen; ein Problem, an dem der eigens eingestellte Fontänenmeister kläglich scheiterte. Aber dann kam Hannovers Universalgenie, Gottfried Wilhelm Leibniz, 1696 auf die Idee, die Leine zu stauen, eine Verbindung zum Garten zu schaffen und ein Wasserhebewerk zu bauen. Die Ausführung übernahm 20 Jahre später ein englischer Ingenieur – und die imposanten 36 Meter, die die Große Fontäne (bei Windstille) erreichte, stellten für die damalige Zeit einen Rekord dar. Bis 1860 taten die barocken Wasserräder und Pumpen ihren Dienst, dann wurden sie erneuert, und die *Wasserkunst* regulierte für weitere 150 Jahre auch den Wasserstand der den Garten umgebenden Graft. Bei geöffneten Sperren rauschten die Fluten über die Schaufeln der acht Meter hohen Wasserräder, die mit ihrer Drehung die sechs Pumpen antrieben. 1958 wurde der Großen Fontäne eine neue Pumpe spendiert, das Wasser schießt seitdem 82 Meter in die Höhe.

Tatsächlich war die Anlage bis in die heutige Zeit funktionsfähig, aber in den letzten Jahren stark sanierungsbedürftig geworden – sowohl die hölzernen Klappen als auch die Schaufelräder sind morsch, die historischen Mauern zeigen zunehmend Risse –, und so entschied man, das Bauwerk von Grund auf zu restaurieren. Ende 2020 wurde die Sanierung des Gebäudes und der Technik abgeschlossen, die Wasserkunst kann wieder besichtigt werden. Nur der Tag und Nacht auf dem Südschnellweg vorüberrauschende Verkehr wird sich leider nicht in den ruhigen historischen Originalzustand zurückversetzen lassen.

Ein abendlicher Besuch am Herrenhäuser Markt 5 in Hannovers *Lieblingsbar.* 2017 zum Newcomer des Jahres gewählt und inzwischen als Deutschlands »Bar des Jahres« ausgezeichnet. Hier gibt es übrigens nicht nur super leckere Cocktails (lieblingsbar.de).

61

**Leibniztempel**
**im Georgengarten**
**(Herrenhäuser Gärten)**
30167 Hannover
www.leibniztempel.de

# EIN TEMPEL FÜR EIN UNIVERSALGENIE

## Leibniztempel im Georgengarten

Ein Streifzug durch die Herrenhäuser Gärten beginnt am besten am Königsworther Platz und führt auf der zwei Kilometer langen Lindenallee durch den Georgengarten zum Großen Garten. Linker Hand erhebt sich an einem Teich ein Rundtempel mit ionischen Säulen und der Marmorbüste von Gottfried Wilhelm Leibniz (1646 – 1716).

Ursprünglich stand der Tempel auf dem Waterlooplatz und wurde erst 1935 in den Georgengarten versetzt, einen würdigeren Platz für das Andenken an Hannovers berühmten Gelehrten – auch wenn die Liebespaare, die den Tempel als sommernächtlichen Treffpunkt schätzen, sich vermutlich eher weniger für Leibniz' Wirken interessieren. Er konstruierte nicht nur die Wasserpumpe für die Große Fontäne im benachbarten Barockgarten, sondern war tatsächlich ein Universalgenie und gilt unter anderem als Erfinder des binären Codes in der Mathematik, der Grundlage moderner Computertechnik. Er interessierte sich im wahrsten Wortsinn für Gott und die Welt, für Naturgeschichte, Mathematik, Sprachwissenschaft, Theologie und Ingenieurskunst, vor allem aber war er Philosoph und tauschte sich mit Denkern aus ganz Europa aus. Zar Peter der Große erhielt von Leibniz Tipps zur Modernisierung des russischen Bildungswesens, jesuitische Missionare in China bat er um Informationen zu Heilpflanzen, Wattejacken und Feuerwerkskörpern, seine rund 15.000 Briefe sind in das UNESCO-Weltdokumentenerbe aufgenommen worden.

Und schließlich geht auch der Leibnizkeks auf den Gelehrten zurück, der sich (nebenbei) mit der Frage einer haltbaren Verpflegung für die Soldaten im Feld beschäftigte. Allerdings gibt es da auch die Geschichte, die besagt, dass Leibniz Zeit seines Lebens aus Hannover wegwollte, London war sein Ziel – nur ließ man ihn nicht ziehen, solange er nicht den Stammbaum der Welfen vollständig aufgezeichnet hatte. Und ausgerechnet diese eher anspruchslose Auftragsarbeit hat Leibniz nie zu Ende gebracht, immer kam eine interessantere Aufgabe dazwischen.

Setzen Sie sich auf die Stufen des Tempels, genießen den Garten und scheren sich nicht um die mehrfach abgebrochene und wieder ersetzte Nase des Philosophen.

62

**Wilhelm Busch – Deutsches Museum für Karikatur und Zeichenkunst**
Georgengarten 1
30167 Hannover
0511 16999911
www.karikatur-museum.de

**Biergarten Dornröschen**
In den Kämpen 54
30467 Hannover
dornroeschen.cafe.de

# MEHR ALS MAX UND MORITZ

## Wilhelm-Busch-Museum im Georgengarten

Für den Hannoveraner ist es immer noch das Wilhelm-Busch-Museum, obwohl die offizielle Bezeichnung seit 2011 *Deutsches Museum für Karikatur und Zeichenkunst* lautet – aber das geht schwer von der Zunge und klingt irgendwie auch unangemessen steif angesichts solcher Bildergeschichten wie *Max und Moritz* oder *Fipps, der Affe*. Das Museum befindet sich mitten im Georgengarten im ehemaligen Wallmodenschlösschen, später nach König Georg IV. auch »Georgenpalais« genannt, das 1782 für den Reichsgrafen von Wallmoden-Gimborn erbaut wurde. Letzterer war ein unehelicher Sohn König Georgs II.

Seit 1937 ist in dem lang gestreckten Gebäude das zeichnerische, malerische und schriftstellerische Œuvre von Wilhelm Busch (1832–1908) untergebracht (ja, er hat tatsächlich auch geschrieben!), seit 2007 auch im Nachlass das zeichnerische Werk von F. K. Waechter, Paul Flora oder Ronald Searle. Insgesamt umfasst die Sammlung heute rund 35.000 Karikaturen, Zeichnungen, Grafiken und Illustrationen aus vier Jahrhunderten, darunter Blätter von William Hogarth, Honoré Daumier oder Tomi Ungerer. Regelmäßige Wechselausstellungen, wie 2011 *Test the West – Karikaturisten aus Ostdeutschland* machen das Museum zu einem Muss für den Kunstfreund und – allein schon wegen *Max und Moritz* – auch für Kinder.

Im Sommer gibt es Kaffee und Kuchen auf den grünen Terrassen, vor der Haustür erstreckt sich der Georgengarten, Hannovers weitläufiger Landschaftspark nach englischem Vorbild, die Grasflächen zwischen den Baumgruppen sind schon lange zum beliebten Picknickplatz für Studenten und Großfamilien geworden. Und nur wenige Schritte weiter, auf der anderen Seite des Parks, ist das Hauptgebäude der Universität.

Übrigens: Als die Uni noch ein Polytechnikum war, hat eben auch hier niemand anders als Wilhelm Busch Maschinenbau studiert!

Erst die Bilder zu den gezeichneten Lausbuben Max und Moritz ansehen und dann im Biergarten *Dornröschen* direkt an den Ufern der Leine den hausgemachten Käsekuchen probieren.

# 63

**Welfenschloss**
**im Welfengarten**
**(Herrenhäuser Gärten)**
Heute Heimat der:
**Gottfried Wilhelm Leibniz**
**Universität Hannover**
Welfengarten 1
30167 Hannover
0511 7620
www.uni-hannover.de

# Ein Königreich für die Wissenschaft

## Welfenschloss im Welfengarten

Unweit der Lindenallee, die durch den Georgengarten direkt zum Großen Garten führt, steht nahe dem Königsworther Platz das Welfenschloss. Ursprünglich wollte die königliche Familie das repräsentative Sandsteinschloss mit seinen Türmen und Balkonen als Residenz beziehen, aber die preußische Annexion des Königreichs Hannover machte diese Pläne zunichte – die Welfen waren entthront. Und das gerade erst zwischen 1857 und 1866 erbaute Schloss stand über ein Jahrzehnt leer, bevor es 1879 nach umfassenden Umbauarbeiten zur Königlich Technischen Hochschule wurde. Auch heute noch fungiert das Welfenschloss als Hauptgebäude der Gottfried Wilhelm Leibniz Universität Hannover – und vermittelt mit der mächtigen Eingangshalle und den steil ansteigenden Hörsälen den verblichenen Charme alter Zeiten. Deutlich 1950er-Jahre ist das Audimax an der Ostseite des Welfenschlosses, hier fanden auch die Kundgebungen zur Zeit der Studentenunruhen statt, das revolutionäre Potenzial der vornehmlich Maschinenbau- und Jura-Studierenden hielt sich allerdings in Grenzen. Mittlerweile ist Hannovers Uni wieder mehr naturwissenschaftlich-technisch orientiert, die Lehrerausbildung gar nach Hildesheim »ausgelagert«.

Aber egal, aus welchem Fachbereich die Studenten kommen, verbringen viele von ihnen die Pausen zwischen den Seminaren auf dem Campus vor dem Schloss. Die Bronzeskulptur des Niedersachsen-Rosses von 1879 muss immer wieder für allerlei Spaß-Aktionen herhalten, nicht nur Hannovers Denkmalschützer erinnern sich noch mit Grausen an die über Nacht plötzlich in grellem Rot erstrahlenden Zeugungsorgane des niedersächsischen Wappentieres oder an den Leibnizkeks, der als Firmenwahrzeichen von Bahlsen einige Wochen lang verschwunden war, und plötzlich mit roter Schleife verziert am Hals des Rosses wieder auftauchte. 52.000 Packungen Kekse waren das Lösegeld an den sich »Krümelmonster« nennenden Erpresser.

Man kann sich durchaus mal den Spaß machen und den Studenten auf dem Campus ein Fach zuweisen – karierte Hemden für einen Maschinenbauer? Könnte stimmen.

64

**Berggarten (Herrenhäuser Gärten)**
Herrenhäuser Straße 4
30419 Hannover
0511 16834000
www.hannover.de/Herrenhausen

# VON SCHWIEGERMUTTERSESSELN

## Berggarten in den Herrenhäusern Gärten

Wandert man vom Königsworther Platz auf der zwei Kilometer langen Lindenallee durch den Georgengarten gen Nordwesten, sieht man schon in der Ferne das Gartenmeisterhaus des Berggartens. Den Berg sucht man dann zwar vergeblich, dafür ist der Garten aber umso vielfältiger und mit den verschiedensten Pflanzen üppig arrangiert – ein ganzjähriges Schau-Erlebnis.

Tatsächlich entsteht ja immer mal wieder aus einer fürstlichen Idee etwas wirtschaftlich Nützliches für viele – als der Berggarten 1704 angelegt wurde, scheiterte der geplante Reisanbau zwar an zu wenig südlicher Sonne, dafür versorgte die Maulbeerplantage rund 100 Jahre lang die Seidenraupen der Königlichen Seidenraupenmanufaktur in Hameln mit Blättern und Tabakpflanzen gewährleisteten ausreichend Rauchwaren am Hof. Dann verschwanden langsam die Nutzpflanzen, der Garten wurde mit zahlreichen neuen Gewächshäusern zu einer Parklandschaft, das imposante Palmenhaus von 1880 wurde leider ein Opfer der Bombennächte.

Heute gliedert sich der Garten in verschiedene Bereiche und Schauhäuser. Eine vierreihige Lindenallee bildet die Hauptachse, an ihrem Ende steht das von Georg Ludwig Friedrich Laves entworfene Mausoleum, 1842 bis 1847 für Königin Friederike und König Ernst August errichtet. In einem Teil des Gartens befindet sich der Schmuckhof mit einer alten Sonnenuhr und jedes Jahr wetteifern neu bepflanzte Blumenbeete – ein Multi-Kulti-Pflanzengarten – um die Aufmerksamkeit der Besucher. Unstrittige Attraktion aber bleiben die seltenen Orchideen, die älteste Gurkenmagnolie Deutschlands sowie die »Schwiegermuttersessel«, die dickbauchigen Kakteen, die bis zu 1,30 Meter groß werden können.

Wem Pflanzen zu langweilig sind, dem bietet sich als Alternative das *Sea Life*, das unter seiner Glaskuppel über 2.500 Tiere beherbergt, die im oder am Wasser leben. Insbesondere für Kinder ein Abenteuer!

Bleiben Sie auf dem Weg in den Berggarten eine Weile bei den Boule-Spielern am Ende der Lindenallee stehen, die französische Urlaubsstimmung vermitteln.

65

**Stöckener Friedhof**
Stöckener Straße 68
30419 Hannover
0511 16847633
www.hannover.de

# LANDSCHAFTSGARTEN MIT TEICH

## Stöckener Friedhof

Im Mittelalter wurden die Toten nahe der Kirchen mitten in der Stadt beigesetzt, erst mit der Bevölkerungszunahme rückten die Friedhöfe an den Rand der Stadt. Einer der größten kommunalen Friedhöfe ist der Stöckener Friedhof, 1891 eröffnet, ein konsequent durchgestalteter Parkfriedhof mit einem großen Teich als Anziehungspunkt für alle Spaziergänger, auch für die, die keine Angehörigen besuchen möchten. Daran hat auch die dreimalige Erweiterung nichts geändert, immerhin wurden seit der Eröffnung 170.000 Menschen hier beerdigt.

Den Haupteingang zum Friedhof bildet eine imposante neugotische Kapelle. Der Friedhof selbst wurde nach dem Muster einer barocken Stadt mit einem symmetrischen, streng rechtwinkligen Wegeraster angelegt, die Hauptalleen werden durch die Erbbegräbnisse der Wohlhabenden geprägt, lebensgroße Christusfiguren, trauernde Engel, schwere Sarkophage und Familienmausoleen. Hinter Hecken und Buschwerk verborgen liegen dann die schlichten Abteilungen mit den Wahl- und Reihengräbern. Die erste Erweiterung 1901/02 gestaltete der Gartendirektor Julius Trip, der am Ende der großen Eichenallee einen englischen Landschaftsgarten mit Teich und Insel anlegen ließ.

Im Areal der zweiten Erweiterung findet man auch den Ehrenhain für die Kriegsopfer, 2.174 Tote aus dem Ersten und Zweiten Weltkrieg, die schlichten Platten sind eine Mahnung für die Lebenden. Die »berühmtesten« Gräber des Friedhofs aber sind nicht die von Carl Vering, dessen Angehörige ihm 1897 ein Erbbegräbnis mit korinthischen Säulen und steinernen Löwen gestiftet hatten, oder von Hinrich Wilhelm Kopf, politische Legende und Niedersachsens erster Ministerpräsident, sondern die Ehrengräber mit den Nummern 189 bis 192 – der dazugehörige Gedenkstein nennt die Namen von 27 Jungen und jungen Männern, die Opfer des Massenmörders Fritz Haarmann wurden.

Besonders schön ist der Rundweg über die Friedhofsinsel zur Rhododendronblüte im Frühjahr, oder wenn im Herbst die Nebelschwaden über dem Wasser stehen.

66

**Volkswagenwerk Hannover**
Mecklenheidestraße 74
30419 Hannover
Führungen: 0511 7982139
www.volkswagen-
nutzfahrzeuge.de

# DANK DER GROSSEN NACHFRAGE

## VW-Werk in Stöcken

1950 begann im Volkswagenwerk Wolfsburg die Produktion des VW-Transporters, wegen der großen Nachfrage und der Engpässe in der Produktion überlegte man schnell, wo neue Standorte gegründet werden könnten. 1955 fiel die Entscheidung auf Hannover. Noch im gleichen Jahr legte man den Grundstein, bereits ein Jahr später rollten – dank des Einsatzes von 2.000 Bauarbeitern – die ersten VW-Transporter vom Band. Die Gesamtfläche des Werkes beträgt 1,1 Quadratkilometer, allein auf rund 63 Hektar stehen Produktionsgebäude und Fertigungshallen. Kein Wunder, dass die VW-Mitarbeiter den »Bulli« nehmen, um Zeitverluste zu vermeiden, vom Büro zur Halle oder umgekehrt.

Im Werk in Stöcken finden heute die Entwicklung, die Produktion und der Vertrieb von zahlreichen Modellen statt, vor allem der weltbekannten VW-Busse (Transporter, Caravelle, Multivan und California). Und von ungewöhnlichen wie dem *Pickup Amarok.* Zum Nutzfahrzeugestammwerk Hannover gehören die Werke in Emden, im polnischen Poznań (hier entsteht der *Caddy* und der größte Lieferwagen der Flotte, der *Crafter*) und im argentinischen General Pacheco. Im Stammwerk Hannover soll außerdem auch der neue Elektro-Kleinbus *ID Buzz* gefertigt werden. Hannovers 16.000 Beschäftigte von VW-Nutzfahrzeuge werden sich freuen.

Wer denen mal über die Schulter gucken möchte und überhaupt wissen will, wie ein Auto entsteht, kann sich an einer der Werkstouren beteiligen, die in rund zwei Stunden alle Informationen zum Thema Transporter zeigen – und dann auch noch die Gelegenheit bieten, die berühmte Currywurst in der Kantine zu probieren, die von Spaßvögeln auch als das wichtigste »Ersatzteil« von VW bezeichnet wird.

Man muss nicht unbedingt einen Ferienjob als Fließbandarbeiter annehmen, um sich eine Fabrik dieser Größenordnung ansehen zu können – das VW-Werk bietet Führungen!

ÜMME ECKE

# WO DIE WILDEN WELFEN WOHNEN

## Ümme Ecke

»Ein armseliges Häufchen Kartoffelesser«, hat Kurfürstin Sophie die Hannoveraner genannt, »mitten im Schinken- und Mettwurstland.« Nun gut, das war bereits irgendwann um 1700, Sophie war nicht unbedingt glücklich in Hannover und natürlich haben sich die Zeiten geändert, Hannover ist zur Großstadt geworden. Aber drum herum ist die tellerflache Landschaft der norddeutschen Tiefebene tatsächlich für viele auf den ersten Blick zumindest gewöhnungsbedürftig. Wahlweise Pferdewiesen und Kuhweiden oder Rübenäcker und Kalibergbau-Halden entsprechen nun mal nicht jedermanns Geschmack, ganz zu schweigen von Geflügel- und Schweinemastfarmen. Die Nordseeküste mit den ostfriesischen Inseln ist eindeutig zu weit entfernt, um Hannovers Umland attraktiver zu machen, und der Harz kämpft mehr denn je mit dem Negativ-Image des »Rentner-Wanderpfades«, Hirschbraten mit Rotkraut und Klößen inklusive. Erschwerend kommt hinzu, dass Niedersachsen sich nicht gerade hervortut in Sachen stilvoll erhaltener Bauerndörfer, und auch die aufwendige Restaurierung einzelner Hofstellen und Ensembles keine Chance gegen die austauschbaren Schlichtbauten vor allem der 1960er- und 1970er-Jahre hat. Die Bausünden von Sparkasse und Co. sind allgegenwärtig, der angerichtete Schaden scheint nahezu irreparabel.

Man braucht also schon ein wenig Mut, um die (versteckten) Reize von Hannovers Umgebung zu entdecken – wer aber den Ausflug »ümme Ecke« wagt, wird verblüfft feststellen, dass es sich allen Unkenrufen zum Trotz durchaus lohnt.

Im Norden, Richtung Bremen, gilt es, die noch intakten Torfmoore zu entdecken. Das Lichtenmoor zwischen Nienburg und Bad Fallingbostel kann auf schmalen Moorwegen durchwandert werden, Torfmoose wechseln mit Heidekraut und Wollgras, eine Torfhalde lädt zum Erklimmen des merkwürdig federnden Untergrunds. Mindestens ebenso außergewöhnlich ist eine Wanderung durch die Lüneburger Heide, zum Beispiel bei Schneverdingen – wenn es hier auch bereits deutlich touristischer zugeht und der »Fußfaule« sich lieber mit der Pferdekutsche zum nächsten Ausflugslokal bringen lässt. Nach wie vor sind auch weite Flächen der vom Heidedichter Hermann Löns bilderreich beschriebenen Landschaft Sperrgebiet des größten Truppenübungsgeländes Norddeutschlands: Das Dröhnen der Panzermotoren und dumpfer Geschützdonner stehen im krassen Widerspruch zu den friedlichen Ferien auf dem Bauernhof, die hier – zumindest gefühlt – jedes zweite Gehöft anbietet. Dennoch gibt es auch jenseits solch fragwürdiger Attraktionen wie dem Panzermuseum bei Munster noch genug Schönes zu entdecken, vom Wilseder Berg mit seinen Heidschnuckenherden bis hin zu den Rundlingsdörfern im Wendland. Und wenn Ende August bis Ende September die Heide blüht, kommen auch die Pilzsammler in den lichten Birken- und Kiefernwäldern auf ihre Kosten – wer sich seiner Sache nicht ganz sicher ist, meldet sich zum Pilzseminar an und vermeidet damit Magenverstimmungen oder Schlimmeres – einer der »Pilzführer« heißt übrigens Wolfgang Krantz und war Gitarrist der früheren Krautrock-Band *Jane*.

Die Liste der als Wochenendtrip erreichbaren Ausflugsziele ist noch lang, natürlich gehört auch das Steinhuder Meer im Westen von Hannover dazu und im Süden dann der Deister als Hannovers »Hausberg«, das Leinebergland, der Ith, nicht zuletzt auch der tannendunkle Harz – trotz Rentner-Reisebussen. Städtebegeisterte fahren in einer knappen Stunde nach Braunschweig, Celle, Göttingen, Goslar, Hameln, Hildesheim, Lüneburg oder Wolfenbüttel, und haben historische Fachwerkensembles, alte Marktplätze, prächtige Bürgerhäuser, alte Schlösser und Kirchen, Parks und Gärten inklusive. Wir haben bei unserer Auswahl von Ausflugs-Tipps ganz bewusst nur die Orte gewählt, die wir selbst auch ab und an besuchen – oder doch wenigstens besuchen würden, wenn Hannover nicht so schön wäre, dass wir ohnehin kaum die Stadtgrenzen verlassen.

Wer Hannover (noch) nicht verlassen will, weil es hier ja so schön ist, kann sich die »Lost Places« von Hannover vornehmen: eine verlassene Villa, eine alte Munitionsanstalt oder ein zerfallendes Ausbesserungswerk der Bahn.

67

**Promenade Steinhude**
Meerstraße
31515 Wunstorf

**Steinhuder Meer Tourismus GmbH**
Meerstraße 15–19
31515 Wunstorf/Steinhude
05033 95010
www.steinhuder-meer.de

# Armseliges Fischerdorf wird chic

## Strandpromenade Steinhude

Das Steinhuder Meer ist der größte See Nordwestdeutschlands und von Hannover aus in einer knappen halben Stunde mit dem Auto erreichbar. Im Sommer wimmelt der Ort vor Touristen, im Winter sind es eher »sturmverwachsene Niedersachsen«, die als dick vermummte Spaziergänger auf der Strandpromenade dem eisigen Nordwind trotzen.

Nur wenig erinnert heute noch an die Zeit, als Steinhude ein armseliges Fischerdorf am morastigen Südufer des Sees war. Bis weit ins 18. Jahrhundert bildeten Ackerbau und Fischfang die einzige Erwerbsgrundlage. Später entwickelte sich die Leineweberei zum wichtigsten Wirtschaftszweig und 1765 entstand in Steinhude – merkwürdig genug – eine der ersten Schokoladenfabriken Deutschlands. Ob die Schokolade möglicherweise einen leicht fischigen Beigeschmack hatte, ist nicht bekannt.

Erst im 20. Jahrhundert begann der Ausbau zum Fremdenverkehrsort. In den 1960er-Jahren waren die Tretboote der absolute Renner für die Wochenendausflügler – und ein frisch geräucherter Aal das häufigste Mitbringsel vom Tagestrip. Gleichzeitig entwickelte sich das Steinhuder Meer zum El Dorado der Hobby- und Regattasegler. Es galt als chic, in Seglerklamotten über die Promenade zu flanieren. Daran hat sich bis heute kaum etwas geändert, rund 3.000 Segelboote sind auf dem Meer zugelassen, private Motorboote nach wie vor verboten. 1974 wurde eine künstliche Badeinsel angelegt und die Uferpromenade ausgebaut; der trutzige Bau des ehemaligen Badehotels von 1899 vermittelt maritimes Flair und Ferienstimmung. Im Ort selbst lockt vor allem das Scheunenviertel als historisches Ensemble die Besucher mit Boutiquen und Kunstausstellungen. Und nach wie vor erfreut sich der »Steinhuder Rauchaal« größter Beliebtheit – wenn auch böse Zungen behaupten, dass die Menge an Aalen unmöglich alleine aus dem Steinhuder Meer stammen kann.

Besonderer Höhepunkt ist jedes Jahr im August die Veranstaltung *Meer in Flammen,* mit einem halbstündigen Feuerwerk und einem illuminierten Bootskorso.

# 68

**Inselfestung Wilhelmstein**
erreichbar über die
**Steinhuder Meer Tourismus GmbH**
Meerstraße 15–19
31515 Wunstorf/Steinhude
05033 95010
www.steinhuder-meer.de/inselwilhelmstein

# DAS ALCATRAZ VON STEINHUDE

## Festung Wilhelmstein in Steinhude

Natürlich ist Steinhude nicht San Francisco und auch die Festung Wilhelmstein erinnert nicht wirklich an *The Rock*, aber immerhin liegt sie mitten im Steinhuder Meer, war tatsächlich von 1787 bis 1870 »Gefängnisinsel« und galt wegen der Lage im Wasser als ausbruchsicher! Angelegt wurde die Festung Mitte des 18. Jahrhunderts als uneinnehmbarer Fluchtpunkt zur Verteidigung des Kleinstaates Schaumburg-Lippe auf einer künstlichen (!) Insel im gerade mal eineinhalb Meter tiefen Binnenmeer. Dazu schaffte die Bevölkerung fünf Jahre lang Schuttmaterial aus Sand, Kies und Steinen vom Festland heran – im Sommer mit Fischerbooten, im Winter mit Pferdeschlitten übers Eis. Schließlich entstand eine sternförmige Schanze mit vier Bastionen und einer Zitadelle, in den Kasematten im Festungsinneren waren zeitweise bis zu 150 Soldaten untergebracht, für den Festungskommandanten gab es ein Schlösschen mit Turm und Sternwarte.

1787 wurde die Insel von hessischen Truppen belagert und erwies sich tatsächlich als uneinnehmbar. Der Beschuss mit Kanonen misslang, weil diese im Ufermorast des Steinhuder Meeres schlicht und einfach versanken, die Taktik des Aushungerns scheiterte ebenfalls, weil das Kurfürstentum Hannover die Belagerten vom Nordufer aus mit Lebensmitteln unterstützte.

Die missglückte Belagerung war auch der Beginn eines zunehmend regen Ausflugsverkehrs zum Wilhelmstein, nicht nur Kaiser Wilhelm I. wollte die Insel nun persönlich sehen. Um 1900 begannen die Fischer, sich auf den Tourismus einzustellen und schafften sich größere Boote zur Personenbeförderung an. Diese »Auswanderer-Boote« sind noch heute in Betrieb – sie hießen so, weil man aus dem Schaumburg-Lippischen ins Preußisch-Hannoversche »Ausland« fuhr. 80.000 Tagesgäste besuchen die Insel jährlich, von Steinhude und Mardorf aus verkehren auch Fahrgastschiffe. Und im Zimmer des Inselkommandanten kann man sich sogar standesamtlich trauen lassen!

Auf der Festung gibt es ein Museum, ein Café sowie einige wenige Fremdenzimmer – eine Nacht auf Wilhelmstein ist ein Abenteuerurlaub der besonderen Art.

**Wiesen und Felder rund um das Straßendorf Isernhagen**
Die typisch norddeutsche Landschaft um Hannover trägt zum Ruf der »Stadt im Grünen« bei

69

**Blues Garage**
Industriestraße 3–5
30916 Isernhagen
www.bluesgarage.de

## BRILLANTE LIVE-MUSIK IM GEWERBEGEBIET

### Blues Garage

Hannover gilt als die heimliche Hauptstadt des Krautrocks, vor allem Bands wie *Jane*, *Eloy* und natürlich die *Scorpions* prägten dieses Image. Später dann stand *Fury in the Slaughterhouse* für soliden Rock, und auch Punk- und Neue-Deutsche-Welle-Bands hatte Hannover zu bieten: *Hans-A-Plast*, *Rotzkotz*, *Abstürzende Brieftauben* oder *Mythen in Tüten* und *Steinwolke* wurden auch überregional bekannt.

Die hannoversche Live-Musikkneipe Leine-Domizil gegenüber der Markthalle war lange Jahre Treffpunkt der »Mucker«-Szene, nicht selten kamen auch internationale Rockgrößen nach dem Konzert in der Niedersachsenhalle ins »Domi« und die Nacht endete mit einer Session. Anfang der 1980er-Jahre ist das Leine-Domizil abgebrannt, das deutlich größere Capitol am Schwarzen Bären ist heute Hannovers (Rock-)Musik-Lokalität, aber der eigentliche Tipp ist seit nunmehr über zehn Jahren die Blues-Garage in Isernhagen: eine ehemalige Autoschrauberhalle im tristen Gewerbegebiet gleich hinter den restaurierten Fachwerkhäusern des alten Straßendorfs und nicht weit vom Firmensitz der Drogeriekette Rossmann.

Das Programm steht für Live-Gigs bekannter Blues- und Rockgrößen zu bezahlbaren Preisen, Johnny Winter, John Mayall oder Buddy Guy waren ebenso schon hier wie *Wishbone Ash* und *Mother's Finest*, wenn auch manchmal von der Originalbesetzung der Bands aus den 1960er- und 1970er-Jahren nur noch ein oder zwei Musiker dabei sind oder die *Animals* ohne Eric Burdon, aber dafür mit dem früheren Bassmann der *Kinks* auftreten. Der Atmosphäre tut es keinen Abbruch, 2012 erhielt die Blues-Garage den *German Blues Award* in der Club-Kategorie – und spätestens, wenn der Gitarrist Uli Jon Roth auftritt und seinem Namen als Nachfolger von Jimi Hendrix alle Ehre macht, sind auch Hannovers Mucker wieder vollständig versammelt und der Laden ist zum Bersten voll.

Wenn man ein, zwei Stunden vor dem Konzert da ist, kann man häufig die Helden der Rockmusik noch ganz privat mit einer Tüte Pommes in der Hand antreffen.

# 70

**Altstadt Celle**
Rund um die
**Touristinformation Celle**
Markt 14–16
29221 Celle
05141 70951195
www.celle-tourismus.de

**Niedersächsisches Landgestüt Celle**
Spörckenstraße 10
29221 Celle
05141 92940
www.landgestuetcelle.de

## BUNTE FASSADENIDYLLE

Altstadt

Die ehemalige Residenzhauptstadt vor den Toren von Hannover gilt als konkurrenzlos, wann immer es um sorgfältig restaurierte Fachwerkfassaden geht. Das Celler Schloss punktet mit einem mehr oder weniger original-barocken Schlosstheater, aus dem Landgestüt in Celle kommen die berühmten Hannoveraner-(Spring)-Pferde und nicht zuletzt wird in Celle angeblich das beste Hochdeutsch überhaupt gesprochen (besser sogar noch als in Hannover selbst!) – alles gute Gründe, um den Ausflug zu wagen.

Man muss nur erst mal die lange Straße hinter sich bringen, die in die Stadt führt und in ihrer Aneinanderreihung von Tankstellen und Möbelhäusern kaum zu überbieten ist – aber dann wird doch noch alles gut.

Als mächtiger Barock-Renaissance-Kasten thront das Celler Schloss mitten in der Innenstadt. Wer einen Parkplatz findet, sollte sich von hier aus zu Fuß auf den Weg machen. Rechts vom Schloss ist neben dem Heimatmuseum ein modernes Kunstmuseum entstanden, dahinter erstreckt sich die Altstadt. Die Gassen führen als Fußgängerzone an teilweise prunkvollen Fassaden vorüber, immerhin 450 Fachwerkhäuser aus dem vorletzten Jahrhundert kann Celle aufweisen. Die Giebel der unter Denkmalschutz stehenden Häuser stammen aus verschiedenen Jahrhunderten und lassen gut noch auf ihre früheren Bewohner schließen. Die Gebäude, die zum Beispiel den »Ackerbürgern« gehörten, haben Durchfahrten bis in den Hof. Andere besitzen als Schmuck vorspringende Erker oder bis zum Boden reichende Ausluchten, die Stockwerke springen eins ums andere jeweils ein Stück vor. Die Balken sind mit Schnitzereien verziert. Im 17. Jahrhundert wurden viele Häuser mit Hausinschriften versehen, die mitunter auch auf den »eingebildeten« Stand der Bewohner schließen ließen – »ein ehrliches Leben und ein seliges Sterben« wird da schon mal eingefordert.

Stellen Sie sich einfach mal in die Mitte der Laternenfiguren vor dem Hoppener Haus in der Poststraße 8 – und schon fangen Oma, Enkel und Onkels an, miteinander zu reden.

71

**Museumsdorf Hösseringen**
Landtagsplatz 2
29556 Suderburg
05826 1774
www.museumsdorf-hoesseringen.de

# Mehr Heide geht nicht

## Museumsdorf Hösseringen

Hösseringen ist nicht unbedingt »um die Ecke«, aber kaum irgendwo anders bietet ein Tagestrip so viel Lüneburger Heide auf einmal. Und wer sich und seinem Auto traut, kann direkt hinter dem Dörfchen Breitenhees an der B4 nach Uelzen die Abzweigung nach links auf die schmale Treckerstraße wählen – der Sandweg ist nicht ohne und erlaubt kaum mehr als Schritttempo, aber der Heidewald belohnt einen mit dunklen Tannen und Fichten zwischen sandigen Hügeln und Senken: Pilz- und Heidelbeerland, das nahezu unberührt erscheint!

Das Museumsdorf liegt am Rande von Hösseringen, am Landtagsplatz des ehemaligen Fürstentums Lüneburg, ein Heide-Entdeckerpfad zeigt die natürliche Vegetation vor der Entstehung der großen Heideflächen. Die Attraktion des Freilichtmuseums aber sind die mittlerweile 26 typischen Hofgebäude der Lüneburger Heide, die vom imponierenden Hallenhaus mit Wagenremise bis zum frei stehenden Plumpsklo reichen. Ein kleines Sägewerk, eine Imkerei, eine Webstube, ein Backhaus und die Dorfschmiede vervollständigen das dörfliche Bild, in den vollständig eingerichteten Häusern wird das ländliche Wohnen und Arbeiten aus der Zeit von 1600 bis 1950 in der Heideregion dargestellt. Hausgärten und kleinere Ackerflächen sowie ein Dorfteich mit Enten und Gänsen, ein Schweineauslauf und frei weidende Heidschnucken sorgen dafür, dass das weitläufige Gelände mehr ist als nur ein Museum – und der Veranstaltungskalender bietet von März bis November Führungen und Seminare vom Bienenkorbflechten über Pilzsuche bis zu Sauerkohl-Herstellung, Erntedankfest und Ackerschlepper-Veteranentreffen. Natürlich gibt es auch ein Café und ein Restaurant auf dem Gelände – wer will, kann sich sogar im stilvollen Ambiente des historischen Trauzimmers von 1644 das Ja-Wort geben, während vor der Tür gackernd die Hühner im Mist scharren.

Ein geschotterter Radweg, der von der B4 abzweigt und durch die Heide verläuft, bietet die zweifellos schönste Möglichkeit, nach Hösseringen zu kommen.

72

**Knochenhauer Amtshaus**
**Stadtmuseum Hildesheim**
Markt 7
31134 Hildesheim
05121 2993685
www.stadtmuseum-
hildesheim.de

# MIT DAS SCHÖNSTE FACHWERK DER WELT

## Knochenhauer Amtshaus

Hildesheim ist bekannt für seinen Dom, den »tausendjährigen« Rosenstrauch, die Michaeliskirche, das *Roemer- und Pelizaeus-Museum* und – das Knochenhauer Amtshaus. Und nichts gegen den Dom oder die Rose, aber das ehemalige Gildehaus der Fleischer am Markplatz in der Altstadt gilt zu recht als eines der schönsten Fachwerkhäuser der Welt!

Und dabei war das 26 Meter hohe Gebäude ebenso wie viele andere Bauten der Innenstadt im Zweiten Weltkrieg nahezu vollständig zerstört worden, und auch Hildesheim verfiel in den 1960er-Jahren zunächst der Idee, alles »neu und modern« zu bauen, so entstand an Stelle des alten Renaissance-Gebäudes ein typischer Hotelbau mit viel Sichtbeton. Erst als das Hotel Rose in Konkurs ging, fassten die Stadtväter 1986 den Entschluss, ihren historischen Marktplatz wieder in den Originalzustand zu versetzen. Während bei den Häusern an der Nord- und Südseite des Platzes – ähnlich wie in Hannovers Altstadt – nur die Fassaden rekonstruiert wurden, wurde das Amtshaus von Grund auf wiederhergestellt. 400 Kubikmeter Eichenholz, verbunden mit 7.500 Holznägeln, lassen den repräsentativen Bau heute in neuem Glanz erstrahlen. Beeindruckend sind vor allem das gewaltige Satteldach und die vollflächigen Schnitzereien auf dem gesamten Balkenwerk des Giebels. Nur an der Nordseite war die originale Dekoration nicht vollständig dokumentiert und wurde stattdessen durch moderne Malereien ersetzt, die passenderweise Krieg und Zerstörung versinnbildlichen. Übrigens: Wo heute das Restaurant ist, waren früher die Verkaufsstände der Schlachter und darüber die Sitzungssäle.

Von Hannover aus ist der Besuch ein Katzensprung, und in den 1950er-Jahren kam man auch noch mit der Straßenbahn von Hannover nach Hildesheim – es gab sogar einen Speisewagen für die knapp einstündige Fahrt mit der Linie 11!

Das Amtshaus beherbergt unter anderem auch das Hildesheimer Stadtmuseum, das anschaulich die frühere Funktion als Gildehaus der Schlachter zeigt.

73

**Mausoleum des Grafen Ernst zu Münster**
Am Walde 81
31188 Holle

**Schloss Derneburg – Kunstmuseum und Café im Glashaus**
Schlossstraße
Parkplatz: Kastanienallee
31188 Holle/Derneburg
www.derneburg.de

## Kultur und Kuchen im Gewächshaus

### Mausoleum und Schloss Derneburg

Ursprünglich war das Schloss Derneburg ein Kloster der Augustinerinnen, dessen Nonnen Anfang des 14. Jahrhunderts wegen »Vernachlässigung der klösterlichen Sitten« exkommuniziert wurden. Die nächsten Bewohner waren Zisterziensermönche, mit der Reformation im 16. Jahrhundert zogen lutherische Jungfrauen ein, die Preußen lösten das Stift 1803 auf und machten es zur Staatsdomäne (was mit den Jungfrauen geschah, wird nicht berichtet). Zwölf Jahre später nur fiel Derneburg an das welfische Königreich, und König Georg III. verschenkte den verwahrlosten Besitz an den hannoverschen Minister Graf Ernst zu Münster (1766–1839). Dessen Sohn Georg Herbert wandelte das Gebäude in ein Schloss im englisch-gotischen Tudorstil um und beauftragte den hannoverschen »Star-Architekten« Georg Ludwig Friedrich Laves mit der Gestaltung eines englischen Landschaftsgartens: Laves schuf einen »griechischen« Teetempel und ein pyramidenförmiges Mausoleum mitten im Wald sowie eine zierliche Fußgängerbrücke über den kleinen Flusslauf entlang den – bereits von den Mönchen angelegten – Fischteichen.

Während des Zweiten Weltkrieges war das Schloss Lazarett der Wehrmacht, nach Kriegsende der britischen Rheinarmee. 1975 verkaufte die Familie Münster das Schloss an den Künstler Georg Baselitz (den, dessen Figuren grundsätzlich auf dem Kopf stehen!). Baselitz baute ein großes Atelier im Schlosspark – und sah sich wiederholt dem Vorwurf ausgesetzt, das Gebäude nicht der Öffentlichkeit zugänglich zu machen.

Das hat sich auch nicht geändert, seit das Schloss 2006 an einen amerikanischen Kunstsammler veräußert wurde, und so bleiben dem Besucher bis zur Fertigstellung eines großen neuen und modernen Kunstmuseums nur die aktuellen Ausstellungen der *Hall Art Foundation* (www.hallartfoundation.org). Allerdings lädt das angrenzende *Glashaus* im früheren gräflichen Gewächshaus zu Kaffee, Kuchen und Kulturveranstaltungen. Allein der Kuchen lohnt die Anfahrt.

Nach oder vor dem leckeren Kuchengenuss im Glashaus führt der Lavespfad als Rundweg die jährlich 20.000 Besucher zu Mausoleum, Teehaus und Fischteichen.

# 74

**Schloss Marienburg**
Marienberg 1
30982 Pattensen
05069 348000
www.schloss-marienburg.de

**Bahnhof Nordstemmen**
31171 Nordstemmen

# NEUSCHWANSTEIN ZWISCHEN RÜBENÄCKERN

## Schloss Marienburg

Hannovers Umgebung ist nicht gerade reich an Schlössern und Burgen, umso schöner ist das »Märchenschloss« der Welfen bei Nordstemmen, 20 Kilometer südlich der Landeshauptstadt. Die Marienburg ist nicht wirklich mit Neuschwanstein zu vergleichen, aber immerhin kann sie ein paar nette Zuckerbäckertürme, einen schönen Burghof, eine Kapelle und 160 Zimmer mit historischem Mobiliar sowie allerlei Kunstschätzen aus dem Besitz der Welfenfamilie aufweisen. Und die Burg liegt auf einem Hügel, auf den sich eine schmale Straße in Serpentinen hinaufwindet – zumindest empfindet der Flachlandtiroler das so.

Das Schloss wurde zwischen 1858 und 1867 von Georg V., dem letzten König von Hannover, im neugotischen Stil als Sommersitz für seine Frau Marie gebaut, Baumeister war Conrad Wilhelm Hase, Begründer der Hannoverschen Architekturschule. Schon damals gab es einen Rittersaal mit Fußbodenheizung und eine Küche mit fließend warmem Wasser. Nachdem die königliche Familie – aufgrund der Annektierung durch das Königreich Preußen – 1867 ins Exil nach Österreich geflüchtet war, stand das Schloss fast 80 Jahre leer, nur ein Hausmeister kümmerte sich um das weitläufige Gebäude. 1945 bezog dann Erbprinz Ernst August III. den Familiensitz, seit 1965 ist es Museum und Veranstaltungsort. 2005 wurde ein großer Teil der Kunstschätze versteigert, der Erlös betrug rund 44 Millionen Euro, ein Teil der Summe diente der Erhaltung des Schlosses – die Renovierung verschlingt allerdings immer noch so viel Geld, dass mittlerweile eine eigene Stiftung gegründet wurde.

Heute lädt das Schloss zu Führungen, in der Schlosskapelle kann man sich trauen lassen, im Sommer gibt es ein breites Konzertangebot von Klassik bis Jazz. Die Pferdestallungen und die Kutschenremise sind zu einem Restaurant im Stil eines französischen Bistros aus dem 19. Jahrhundert umgestaltet.

Für den Sonntagsausflug: Zum Burgensemble gehört auch der Bahnhof von Nordstemmen, als »königlicher Bahnhof« für die Verbindung nach Hannover erbaut.

# 75

**Wanderung zum Nordmannsturm**

Startpunkt:

**Ehem. Schullandheim Nienstedt**

Lauenauer Straße 67 31848 Nienstedt am Deister

**Nordmannsturm Waldgaststätte**

Oberer Kammweg 1
31848 Bad Münder am Deister
0171 7210087
www.nordmannsturm-waldgaststätte.de

## TRAURIGE GESCHICHTE

### Wanderung zum Nordmannsturm

Der Nordmannsturm auf dem Deisterkamm ist eines der beliebtesten Ausflugsziele in der Region, aber wie so oft gilt auch hier eher: Der Weg ist das Ziel! Der 1862 errichtete Turm beschert dem Wanderer schließlich mit seinen 19 Metern Höhe eine weite Aussicht über den Deister und die umliegende Gegend. Ausdrücklich gewarnt aber sei vor einem Besuch am Vatertag, dann ist hier oben bierselige Grölstimmung angesagt.

Laut ist es grundsätzlich auch am Nienstedter Pass, hier kreuzt der Kammweg die Passstraße und der Parkplatz ist Treffpunkt der Motorradfahrer, die sich und ihre Maschinen in den steil ansteigenden Kurven ausprobieren – glücklicherweise verboten an Sonn- und Feiertagen.

Interessanter als über den Kammweg aber ist ohnehin der Aufstieg zum Turm vom Dörfchen Nienstedt an der Südseite des Deisters aus. Am Ende des Dorfes liegt linker Hand in einer Senke das ehemalige Schullandheim der hannoverschen Leibnizschule, ein Bau von 1926, ähnlich einem Landschlösschen. Rechts von der Straße führt ein Waldweg den Berg hinauf, nach wenigen hundert Metern weist eine Erinnerungstafel auf den *Friedhof der Vergessenen* hin. Von 1943 bis 1951 war die in Hannover ausgebombte Kinderheilanstalt in das Schullandheim ausgelagert. Bis zu 300 schwerkranke Säuglinge und Kleinkinder befanden sich teilweise auf dem Gelände. An die 200 Kinder starben an den Folgen von Infektionen und Unterernährung, 90 von ihnen wurden auf einer Waldlichtung mit einfachen Holzkreuzen als Grabstätten beerdigt – es waren vor allem Flüchtlings- und »Fremdarbeiterkinder«, von denen größtenteils noch nicht mal die Namen bekannt waren. 1966 ebnete man den Friedhof ein, die früheren Grabstellen im Wald sind heute vollständig überwuchert. Erst seit 2015 ist der Platz mit der Informationstafel am Weg zum Nordmannsturm als Kriegsgräbergedenkstätte anerkannt.

Eine kleine Gastronomie bietet am Nordmannsturm tagsüber von Dienstag bis Sonntag Kuchen und einfache Gerichte.

## 76

Blick vom Annaturm

**Deister-Wanderung**
Startpunkt: Jägerallee
Am S-Bahnhof
31832 Springe

**Wisentgehege Springe**
Wisentgehege 2
31832 Springe
05041 5828
www.wisentgehege-springe.de

# FORST UND WILDGETIER

## Wanderung auf den Berg Deister

Den Ort Springe selbst kann man getrost vernachlässigen, daran ändert auch ein gewisser Heinrich Göbel nichts, der schon 1850 – 30 Jahre vor Edison – hier die erste Glühlampe mit Kohleglühfaden erfunden haben soll. Aber Springe ist ein schöner Startpunkt für eine kleine Deister-Wanderung: Von den Bahngleisen führt eine Asphaltstraße bergauf bis zum Parkplatz Waldwinkel (mit Gaststätte und Skiübungshang!), von hier ist der Weg ausgeschildert zum »Köllnischfeld«. Unterwegs passiert man einen stillgelegten Steinbruch, der sich in mehreren Etagen in den Berg gefressen hat und fast ein bisschen an die Kulisse für einen Karl-May-Film erinnert. Versteinerungen sind allerdings kaum (noch) zu finden, dafür ist der Waldboden im Frühjahr dicht bewachsen mit wildem Bärlauch, im Sommer dann in den Lichtflecken mit Walderdbeeren.

Köllnischfeld ist eine frühere Forstsiedlung auf einer kleinen Lichtung und wirkt mit dem Bach und dem alten Forsthaus wie ein vergessenes Fleckchen vom Paradies – wenn nur die Mücken nicht wären! Von hier aus führt auch ein Weg zum Annaturm, mit stolzen 405 Metern der höchste Punkt des Deisters. Für die Hungrigen gibt es dann auch wieder eine Waldgaststätte – oder man wandert über die schmale Fahrstraße mit fast alpinen Kurven am Lutherheim vorbei zurück zum Ausgangspunkt.

Und wenn Sie ohnehin schon mal gerade in der Gegend sind: Völlig zu recht ist der »Saupark« auf der anderen Seite von Springe ein beliebtes Ausflugsziel, vor allem bei Familien mit Kindern. Diese können hier nicht nur Wildschweine sehen, sondern im Wisentgehege eben auch Wisente, Wildpferde, Elche, Bären, Wölfe, Uhus und Steinadler. Der Saupark war früher übrigens das Hofjagdgebiet der Könige von Hannover und ist von einer über 16 Kilometer langen historischen Steinmauer umgeben, damit das Wild gar nicht erst vor den Jägern flüchten konnte.

Da Wandern bekanntlich schweißtreibend ist, bietet sich auf dem Weg nach Hause im Sommer der kurze Abstecher nach Wennigsen an – zum Wasserpark, einem naturbelassenen Erlebnisbad.

77

**Lüerdissener Klippen**
Südseite des Ith
Parkplatz: via B240
37635 Lüerdissen
www.ig-klettern-nieder-
sachsen.de

**Ith über Solling-Vogler-Region im Weserbergland**
Lindenstraße 8
37603 Holzminden-
Neuhaus
05536 960970
www.ith-hils-weg.de

## PARADIES FÜR KLETTERHAKEN-FANS

### Lüerdissener Klippen

Der Ith liegt rund 40 Kilometer südwestlich von Hannover und ist mit über 20 Kilometern Ausdehnung der längste Klippenzug Norddeutschlands. Der höchste Punkt ist mit 439 Metern der Lauensteiner Kopf. Wald und fossilienreiches Jura-Kalkgestein prägen den Ith, einige alte, kleine Steinbrüche verweisen auf die frühere Nutzung, es existieren auch mehrere Höhlen mit klangvollen Namen – wie Nasenstein-, Soldaten- oder Kinderhöhle.

Die Burgruine Lauenstein im nördlichen Ith ist der frühere Wohnsitz von Ernst Rudorff, der wesentliche Grundlagen der Heimatschutz-Bewegung entwickelte (heute wären es die Naturfreunde) und 1904 den Bund Heimat und Umwelt gründete. Die Höhlen und Felsspalten des Ith bieten bis heute wichtige Zufluchtsorte für Fledermäuse, verschiedene bedrohte Moose und Farne lassen den Botaniker in Jubelrufe ausbrechen.

Touristisch aber ist der Ith vor allem ein Anziehungspunkt für Wanderer und – Kletterer! Die bis zu 30 Meter hohen und fast senkrecht abfallenden Lüerdissener Klippen sind das am stärksten besuchte Klettergebiet Niedersachsens, schmale und rutschige Pfade führen vom Kammweg hinter dem kleinen Wiesencamping zu den (durchnummerierten) Kletterfelsen. Aber Vorsicht, am Mönchstein, Krötenkopf oder in der Teufelsküche geht ohne Seil und Haken gar nichts!

Auf der anderen Seite der Passstraße liegt dann der Segelflugplatz Ithwiesen. Der Flugplatz besteht seit Anfang der 1930er-Jahre, viele Piloten des Nationalsozialistischen Fliegerkorps erhielten in der Reichssegelflugschule ihre fliegerische Grundausbildung. 1971 wurde in den Gebäuden die erste Zivildienstschule Deutschlands eingerichtet. Das heutige Segelfluggelände bietet perfekte Möglichkeiten auch für Laien, sich mal ordentlich den Wind um die Nase wehen zu lassen: ohne Motorkraft, getragen nur von der Thermik.

Ein schönes Ausflugsziel für einen Sommernachmittag ist auch die Duinger Seenplatte oder für Erholung und Wellness die Ith-Sole-Therme in Salzhemmendorf.